「食」の図書館

マンゴーの歴史

MANGO: A GLOBAL HISTORY

CONSTANCE L. KIRKER AND MARY NEWMAN
コンスタンス・L・カーカー／メアリー・ニューマン【著】
大槻敦子【訳】

原書房

目次

［……］は翻訳者による注記である。

序章

欧米諸国で暮らしている人は、熟したマンゴーがたわわに実っている木など、おそらく見たことがないに違いない。ひょっとすると、マンゴーのレシピもひとつも持っていないかもしれない。多くの人が今、スムージーやカクテルを通して、マンゴーのトロピカルでユニークな味を覚えつつある。小さくカットされ、透明なプラスチック容器や小袋にぎゅうぎゅう詰めにされて、スーパーマーケットに並べられているような、どちらかと言うと哀れで個性のないマンゴーの姿が目につくようにもなってきた。だが、マンゴー好きならみな、きっとこう言う。香り、手触り、味、舌触りをまるごと体験することこそが、マンゴーの醍醐味だと。生の完熟マンゴーを食べることは「体全体で感じる強烈な体験」だ。マンゴーは情熱をかき立てる。この果実がたくさん実る国々のマンゴーを愛する人はみな、そのまま食べるだけでなく、ピクルス、ドライフルーツ、砂糖漬けなど、日持ちさせてマンゴーを楽しむ方法を心得ている。

現在では、とりわけ昨今のグローバルな結びつきを背景に、世界各国で多くのマンゴー食品が手に入るが、生のマンゴーを大絶賛する声は欧米人をやや困惑させている。たとえば、アメリカ人は

インド、ケララ州のマンゴー売り。

つねづね、自分たちは、人気が高くて入手が難しい最高級フルーツを含む、世界の極上品すべてに手が届くと思っている。けれども、アメリカに輸入されているマンゴーのほとんどは、じつは、本物とは呼べないような味気ない代物でしかない。要するに、アメリカのマンゴーはたいてい風味のないつまらない味なのである。ヨーロッパ人のほとんどにとっては、インドから輸入されるアルフォンソマンゴーを食べる機会より、1万6000店舗を抱える衣料品会社マンゴのストアに遭遇する確率のほうが高いに違いない。自分たちが知らない、すばらしいマンゴーとは、いったいどのようなものなのか？

マンゴーを最大限に楽しむためには、

慣れ親しんだ作法を捨てて、手を汚さなければならない。西洋文化は汚したり、散らかしたりすることを嫌う。手でじかに食べ物を触って食べる習慣がない。けれども、マンゴーが育つ地域の多くでは、それこそが昔から受け入れられている食べ方だ。手を汚すことへの偏見は、もしかするとアリストテレスと彼が提唱した感覚の階層性が原因なのかもしれない。その理論によれば、視覚と聴覚こそが感覚の頂点であり、嗅覚、触覚、味覚は下等な感覚に分類されるからだ。とはいえ、もちろん知ってのとおり、古代ギリシア人も古代ローマ人も実際には手を使って食事をしていた。フォークを発明したのは後世のヨーロッパ人で、広く利用されるようになったのは１５００年代である。手で食べ物に触れることに対する嫌悪感は、数えきれないほどの食器具を誕生させた。ヴィクトリア時代のマンゴーフォークもそのひとつである。

本書では、五感を通してマンゴーの特徴を探っていこう。表紙だけで本を選んではいけないのと同じように、マンゴーも色で選んではいけない。皮の色からは成熟度も味もわからない。マンゴーはサイズ、色、味、香り、舌触りが品種によって異なるため、欧米人がほかのフルーツを選ぶ際の基準はまったくあてにならない。どう見ても、わたしたちはまだマンゴーについて知らなすぎる。

いくらマンゴーを愛していても、マンゴーの収穫期に自分が食べたい品種が遠方でしか栽培されていないなら、その場所を突き止めて訪ねるには多大な労力と費用がかかる。下手をすると、欲しくてたまらないマンゴーを手に入れるために、数千キロ離れた場所への家族旅行を計画しなければならないかもしれない。だが、そんなことをしなくてすむ人気のウェブサイトがある。生まれ育っ

2019年のメットガラでマンゴードレスを着たソフィア・サンチェス・バレネチェア。

た家や故郷を離れて暮らしながらも、記憶に残る完璧なマンゴーが食べたくてしかたがないという、インド人顧客の郷愁に応えるべく開発されたサイトだ。[1] 作家のサルマン・ラシュディはそのおかげで、幼少時の記憶に残るファーンマンゴーのピクルスを注文できた。そしてそれが1981年のブッカー賞受賞作『真夜中の子供たち』〔寺門泰彦訳。岩波書店。2020年〕に登場するピクルス工場を描くきっかけにもなった。パキスタン系アメリカ人コミュニティでは、メッセージアプリのワッツアップでファーム・フレッシュの創業者ズルフィカール・モーミンに連絡を取れば、彼が客の望むマンゴー種を南アジアで調達して、直接アメリカの空港へ届けてくれる。[2]

初期のマンゴーの文化史は、ギリシアやローマの神話、ユダヤ教やキリスト教の資料、シェイクスピアや西洋文学の不朽の名作といった、欧米人によく知られている文献には登場しない。しかし、このくだものは、今も昔も、南アジアの宗教――ヒンドゥー教、仏教、ジャイナ教――の教えや慣習と深く結びついている。「プラーナ」や「ヴェーダ」といった口頭伝承が書き留められたもの、また『ラーマーヤナ』や『マハーバーラタ』といったヒンドゥー教の壮大な物語にも、マンゴーについての記述がある。

マンゴー生産国におけるこの果実に対する情熱には興味深い特徴がある。そのひとつは、古典でも現代文学でも、このフルーツが作品に躍動感を与えている点だ。マンゴーを愛する人々は豊かな表現力で、生き生きとマンゴーを描く。マンゴーは古代の民話から現代の児童書までさまざまな物語に登場し、人生の教訓を与える役割を果たしている。また、子どもたちが、インドからフィリピン、またアフリカ諸国にいたる多様な文化の物語を学ぶ際の「入り口」となる食べ物にも適している。ウルドゥー語で詩を書いたミルザ・ガーリブをはじめ、南アジアの有名な詩人たちはマンゴーを絶賛した。14世紀に世界を旅したモロッコ生まれのイスラム教徒イブン・バットゥータといった探検家が、日誌にマンゴーを書き留めた。料理にまつわる現代の回想録には、家庭に伝わるマンゴーの伝統が詳細に記されている。

マンゴーにはくだもののなかで唯一、その名を冠した文学ジャンルがある。それらはおもにインドの女性が着る衣料から名を取って、やや見下すかのように「サリー・マンゴー」文学と呼ばれている。インドを出て移住した作家はもちろん、アフリカ、カリブ諸国、メキシコ、フィリピンを離れた人々も、懐かしい故郷の思い出としてマンゴーのイメージを用いている。マンゴーからは即座に「異国情緒」が連想される。マンゴーはセクシーだ。フルーツはみなセクシーだけれども、古代インドの性愛論書『カーマ・スートラ』でそう言われているのはマンゴーだけである。そして、画家ゴーギャンが描いたタヒチの女たちとマンゴーは間違いなく官能的だ。

ムガル人、ポルトガル人の探検家、そしてイエズス会宣教師らが残した園芸にまつわる文献には、多種多様なマンゴーと接ぎ木の方法、そしていかにこの果実の栽培が世界各地に広まったかが記されている。ポルトガル人は１５００年代の南アジア探検でマンゴーに出会った。そして、東アフリカ、西アフリカの交易路を通じて、のちには奴隷貿易とともに大西洋を渡って、カリブ海の島々や南米にまで、この美味なくだものを持ち込んだ。種々の熱帯性の果実はまた、利用価値のあるそ

さまざまな色が混ざったマンゴー。ロンドン、ブリクストン・マーケットにて。

うした食料の栽培候補地を求めていた英国、フランス、スペインによっても、カリブ海の植民地へ導入された。1750年代以降、マンゴーをはじめとするエキゾチックな食材は、カリブ海地域から、当時植民地だったアメリカの各港へと運ばれるようになった。日持ちのしないそうした果実は、ただちにピクルス、チャツネ、ジャムなどに加工されて保存された。

1500〜1700年代にインドのムガル帝国を支配した皇帝たちは、マンゴーの大ファンだった。庭園、果樹園、料理の伝統にまつわる詳細な説明は今も残っている。マンゴーを用いた数々のレシピは宮廷シェフが考案したもので、現在でも高級料理や名物料理としてレストランで提供されている。ムガルの皇帝たちは気に入った品種を命名しただけでなく園芸そのものを奨励したため、接ぎ木の手法で数千の品種が誕生した。当時行われていたと記録が残っている、マンゴーを贈り合う外交も、今なお健在である。新型コロナウイルス感染症が世界的に流行した2020～21年においてさえ、インドは最高級マンゴーを大量に海外の大使館に届けていた。

英国女王エリザベス2世の元シェフ、ジョン・ヒギンズによれば、女王はたいそうマンゴーをお気に召して、いつでも「バッキンガム宮殿の冷蔵庫にマンゴーがいくつ入っているかをご存じだった」という(3)。マンゴーに夢中になった英国君主はエリザベス2世が最初ではない。映画『ヴィクトリア女王　最期の秘密』の心に残るワンシーンでは、インド人アブドゥルが英領インドから届いたマンゴーをヴィクトリア女王に献上している。もっとも、残念なことにマンゴーは傷んでしまっていた。1931年になるまで、ロンドンに新鮮なマンゴーを届けることはかなわなかったのだ。インドが帝国と呼ばれる王冠の宝石のような存在だった英国統治の時代、「奥さま《メムサーヒブ》」と称された英国政府の役人の妻たちは、食べるときにひどく手が汚れるインドのこの果実を「バスルームのフルーツ」と呼んだ。それでも、彼女たちはチャツネとして保存されたマンゴーが好きになった。ヴィクトリア時代の勇猛果敢な女性旅行家、アニー・ブラッシーやマリア・カルコットは、マンゴーでもてなされた経験について旅行記に記している。マリアンヌ・ノース(1830～1890)は

ポール・ゴーギャン『マンゴーを持つ女性 Woman with Mango』、1892年、油彩、画布。

アマンダ・アルミラ・ニュートン『ベネット・アルフォンソ・マンゴー Bennett Alphonso Mango』、1908年、水彩、米農務省果樹園芸学水彩画コレクション。

ブラジルやインドで食べたマンゴーの絵を描いて旅の記録を残した。彼女がロンドンのキュー王立植物園に寄贈した９００点を超える作品には、そうしたマンゴーの絵が含まれている。

マンゴーは中国の毛沢東が実施した文化大革命の一端も担った。１９６８年にパキスタンの外務大臣が毛沢東主席に贈ったひと箱のマンゴーが、革命で手柄を立てた労働者や学生に褒美として渡されたのである。当時まだ中国北部では知られていなかったその保存加工済みの神秘的なフルーツは、宝の象徴になった。同じくらい意外なのが、宇宙マンゴーの話である。２０１７年、マンゴーの胚が中国の宇宙船に乗って33日間の旅に出た。中国の科学者によれば、その胚から育った遺伝的に優れたマンゴーの品種を研究することで、同国の宇宙栽培計画は近年になって大きな進歩を遂げたという。世界で最も高価なマンゴーのひとつである日本の「太陽のタマゴ」は宮崎県で栽培されている。最高級品は毎年数十万円で競り落とされており、極上の味だと考えられている。

マンゴーには、その未来を左右するような難題と好機の両方がある。生産者、政府、民間企業、そして研究者は、マンゴー食品の新たな顧客を開拓するだけでなく、新たな品種の開発にも取り組んでいる。マンゴーの加工と消費の過程で生じる廃棄物全体の利用もまた関心を集めている分野だ。多くの取り組みの主要目的は、知識と資源を提供してマンゴー生産者の生活を向上させることである。

本書を読むうちに、なぜマンゴーが生産地で象徴とされるほど愛される食べ物なのかがわかるだろう。欧米社会の食文化には、それほどまでの情熱、心の結びつき、あるいは受け止め方が共有されるフルーツなどひとつもないと言っていい。

生食で名高いマンゴーの品種は年中手に入るわけではなく、また各地のスーパーに必ず並んでいるとは限らないが、ドライ、缶詰、ピクルスといった保存加工食品ならほぼどこにでもある。本書を通じて、すでに大好きなマンゴーについて新しい何かを知ることができた、あるいは新たな食べ物にトライしたい――たとえ耐えられないほどそこらじゅうがべたべたになったとしても――気持ちになってもらえたなら幸いだ。

第*1*章 ◉ すばらしきマンゴー
——植物学、生産、健康

6000万年前のマンゴーの葉の化石と現代のマンゴー種の比較から、古民族植物学者らは、マンゴーの起源がインド北東部にあると結論づけている。その実が、そこからインド南部や東南アジアへと広がったのだ。[1] 紀元前1500年ごろの石うすや陶器、また、同時期にインド亜大陸で栄えた最古の文明、ハラッパーの遺跡で発掘された品々から、微量のマンゴーが見つかっている。マンゴーの繊維は、遺跡発掘現場で出土した人間の歯からも検出された。[2]

マンゴーがインド南部へと広がるにつれて、マンゴーを指す「アムラ・ファル」という言葉はタミル語の「アーム・カーイ」に置き換わった。現在はケララ州として知られる、インドのマラヤーラム語を話す地方の人々は、同じものを「マームカーイ」と発音し、それがさらに「マーンガ」に変化した。16世紀にポルトガル人がケララに入植してその果実と出会ったとき、彼らはそれを「マンゴー」と呼んだ。

ミハウ・ボイム『中国植物誌 Flora sinensis』(1656年)にあるマンゴーの挿絵。

マンゴーの植物学上の名称は「マンゴーがなるインドの植物」を意味する「マンギフェラ・インディカ（*Mangifera Indica*）」だ。マンギフェラにはほかにもおそらく49種あるが、ほとんどは食べるに値するほどの実はつけず、たいていは「野生マンゴー」と呼ばれている。原始の野生マンゴーはとても小さく、食べられる果肉部分がほとんどない。それでも、現在流通しているマンゴー種に利用可能な、病気や害虫への耐性を高める遺伝物質を得られるかもしれないと、科学者は野生マンゴーに関心を寄せている。(3)

マンゴーの実は核果あるいは石果と呼ばれる果実の仲間である。核果はひとつの種子を取り巻く硬い繊維状の核の周りに食べられる果肉を持っている。マンゴーの種子は単胚（インド種）もしくは多胚（インドシナ種）のどちらかだ。単胚の種子から育てた木は親木と同じ実をつけないため、接ぎ木で増やさなければならない。多胚の種子には親木に似た複数の胚があることから、種から育てると親と同じ実をつける。(4)

マンギフェラ属は、カシュー、種々のツタウルシ、ピスタチオを含むウルシ科の仲間だ。ウルシ科の植物にはウルシオールという油成分があり、人によってはアレルギー反応を起こす。(5) マンゴーでは、「マンゴーかぶれ」と呼ばれる接触性皮膚炎がよく見られる。

マンゴーを果実の核から植木鉢で育てることは不可能ではないが、実をつけるまでに何年もかかるうえ、温度、水、湿度を含む栽培環境が適していないとまったく実をつけない可能性もある。マンゴーは１００か国以上の熱帯もしくは亜熱帯地方で栽培されているが、成功の度合いはまちま

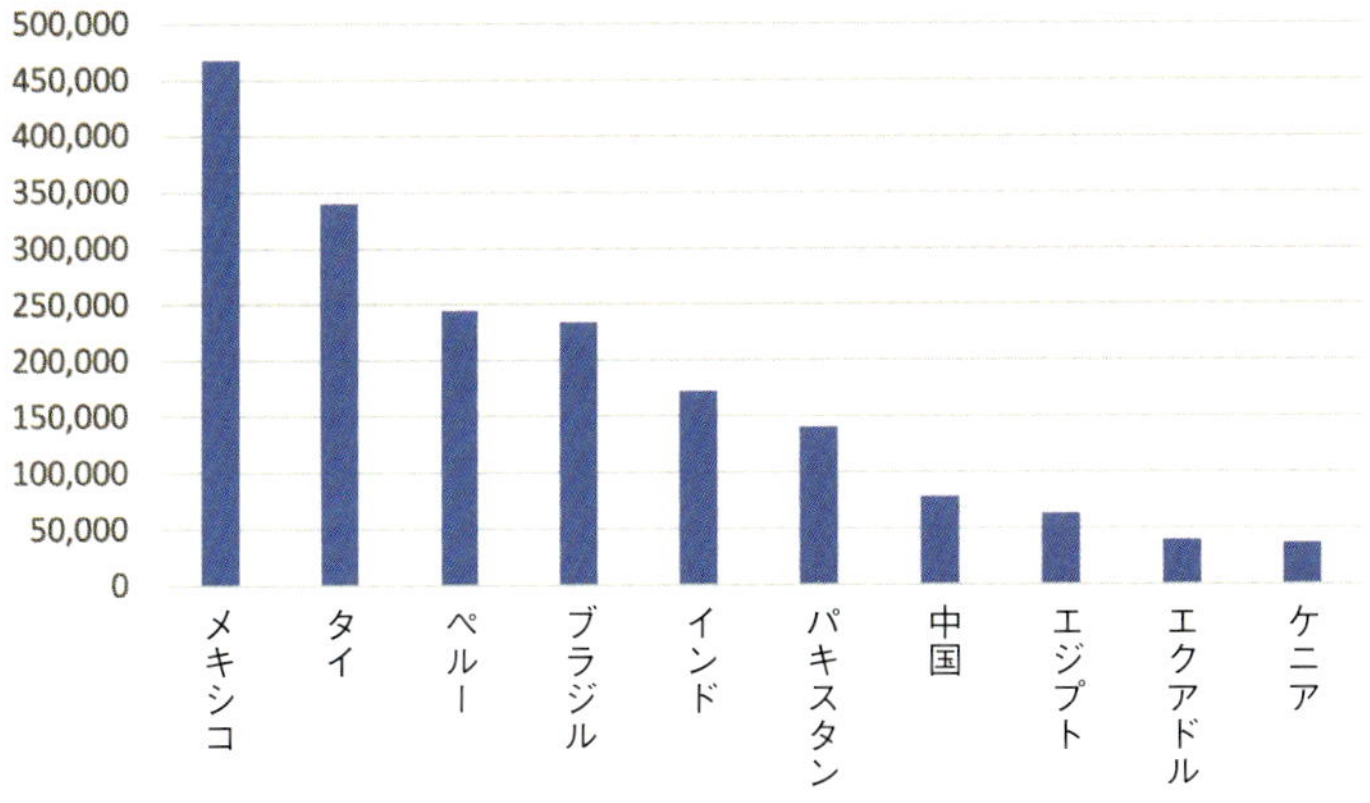

マンゴーの主要輸出国（単位トン）

ちだ。気候条件が限定されるため、アメリカではフロリダ、カリフォルニア、ハワイ、米領プエルトリコなど、一部の地域でしか育たない。ヨーロッパではイタリアのシチリアやスペインのマラガといった狭い範囲の微気候［周囲と異なる局所的な大気条件］での栽培に限られている。

インドは世界のマンゴーのおよそ半分を生産しており、国際連合食糧農業機関のデータによれば、２０２０年にはその生産量が２４００万トンを超えている。[6] しかし、輸出されるのは17万３０００トンだけ（うち30パーセントはアラブ首長国連邦とサウジアラビア向け）で、残りは国内で消費される。パキスタンの生産量はインドの10パーセントほどしかないが、輸出量はインドの4倍で、ほとんどがEU向けである。ブラジルとペルーもEU市場へ供給している。世界最大の輸出国は46万８０００トンを出荷するメキシコで、その90パーセントがアメリカに送られている。グアテマラ、ニカラグア、ブラジル、ペルー、コスタリカも、マンゴーがほぼ1年中消費者の手に届くよう栽培時期を補う形でアメリカ

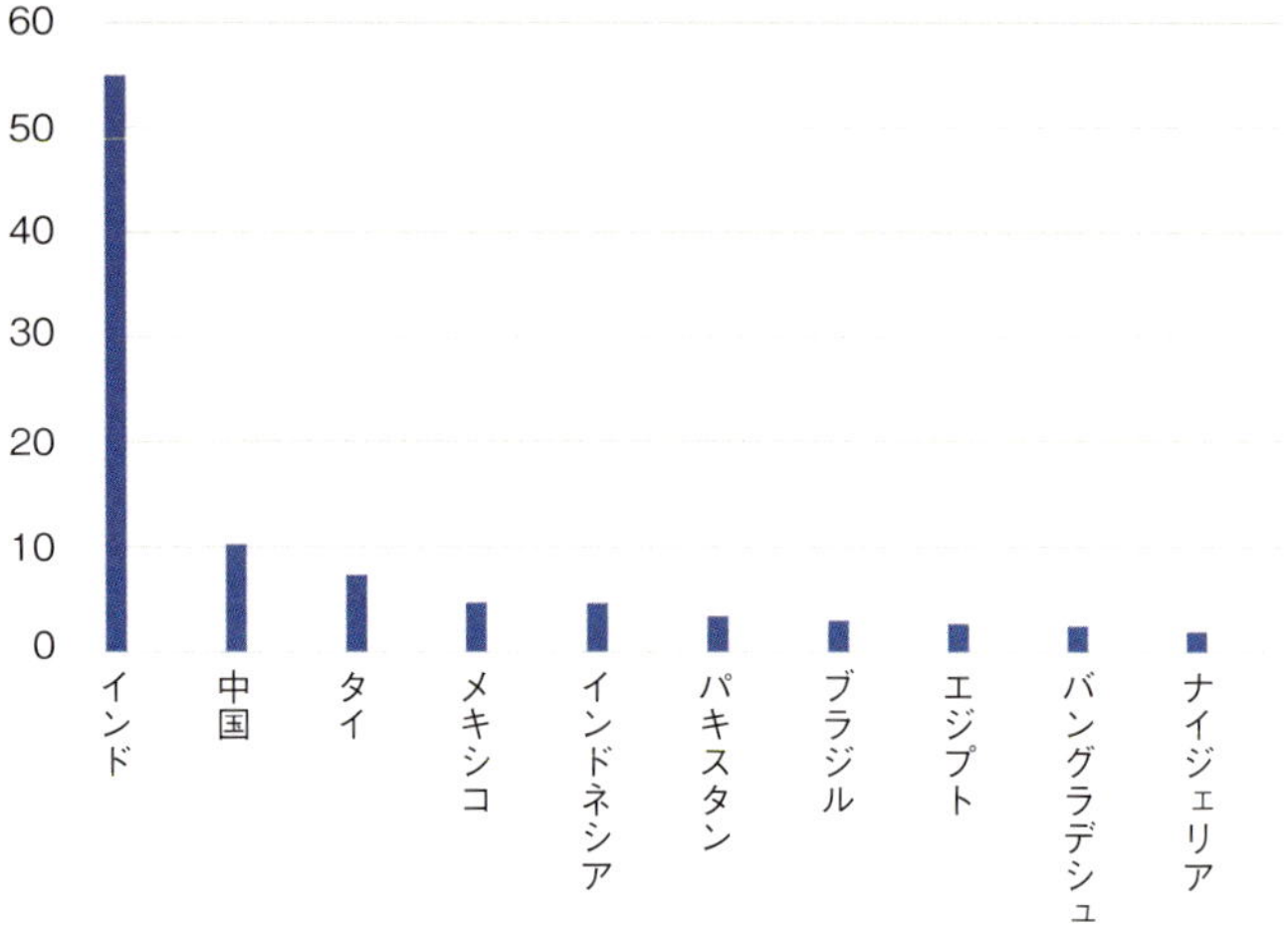

マンゴーの主要生産国の市場占有率（パーセント）。2020年米マンゴーデータベースのデータより。

市場に供給している。EUとアメリカに次ぐ第3のマンゴー輸入国は中国で、おもにベトナムとタイから買い入れている。

さまざまな国の貿易協定には、生マンゴーの輸出入の際に温湯処理もしくは放射線や薬品処理などの植物検疫方法を用い、確実に害虫、細菌、病気を減する対策を取るよう明記されている。発展途上国には、マンゴーの輸出に必要なそうした処置を施す設備がないことが多い。くわえて、一部の品種は輸送に耐えられないため、輸出そのものが不可能だ。生のフルーツとして輸出されないマンゴーは、しばしば生産国で乾燥や酢漬け、あるいはピューレやジュースに加工されてから輸出される。

マンゴーの木は植えつけから2～4年で実をつけ始める。実は枝から伸びた細長い茎にぶら下がっている。インドでマンゴーをうまく収穫するために欠かせないのが、モンスーン前の3～4月に降る「マンゴーにわか雨」、別名「マンゴー雨」だ。その恵みの雨でマンゴーの実が熟し、未熟なまま落下しないようになる。マンゴーの開花は春の訪れを告げるもの、そしてたくさんの実をつけたマンゴーの木は夏の風物詩である。

マンゴーは完熟はもちろんまだ青く熟していない状態でも食べられる。未成熟のマンゴーには酸味があり、地方ごとの味の好みと手に入る素材に応じて、オイルやスパイスを足し、塩または酢漬けにして保存されることが多い。アムチュールは熟す前のマンゴーから作られるマンゴーパウダーで、インド料理の材料としてよく用いられており、マリネにも使える。

熟したマンゴーは世界各地の甘い料理と甘くない料理の両方で、さまざまな形で食されている。地方によっては、完熟マンゴーをピクルスにすることもある。タイの人気デザートは、ココナッツミルク味の甘いもち米にマンゴーを添えたカオニャオ・マムアンだ。甘くない料理では、マンゴーに唐辛子を組み合わせることが多い。

マンゴーのピューレと香料は、ワイン、紅茶、アイスクリーム、シリアル、ベビーフード、菓子など、いろいろな食品の加工に使われている。マンゴーの皮はビタミンと食物繊維が豊富で、抗酸化作用があり、食べることができる。パウダー状にしたマンゴーの皮を食物繊維として焼き菓子に加えれば、通常なら廃棄される部分も活用できる。皮と種に砂糖を加えて煮ればシロップになり、カクテルなどに利用できる。マンゴーの皮には体によい効果もあるが、人によってはアレルギー反応を起こす物質が含まれている。皮そのものには不快な苦味があり、微量の農薬が残留している可

人気フレーバー同士の組み合わせ、ドライ・チリ・マンゴー。

能性もある。

熟したマンゴーを選ぶときには、皮の色よりも香りのほうが重要だ。昨今の技術の進歩を考えると、熟度の判断には、人間の主観的な評価ではなく「電子鼻《イーノーズ》」（においセンサー）の利用が広がっていくのかもしれない。

マンゴーの木は果実をもたらすだけではない。緑の屋根のように葉が生い茂って涼しい日陰を作るマンゴーの木の下はしばしば、人と会ったり、休息を取ったり、ロマンティックなデートをしたりする場所になる。「マンゴーの木の下で」と題された小説や詩はたくさんある。樹高は一般に10～30メートルで、直径が30～38メートルになることもある幅の広い丸みを帯びた樹冠が特徴的だ。品種によっては、樹冠が広がらずに縦の楕円形に伸びるものもある。園芸品種にはラポザといった矮性種《ドワーフ》があり、苗の小売店では家庭菜園向け「コンドミニアム・マンゴー」として知られている。

マンゴーの木は長寿で比較的成長が早く、理想的な環境

マンゴーの樹冠。ハワイ。

下であれば最初の年に2メートルほど伸びることもある。アジア最古のマンゴーの木はバングラデシュのタクルガオンにあり、樹齢は150~300年だと考えられている。

生産農家の果樹園のマンゴーに影響をおよぼす害虫や病気はいろいろあるが、ほとんどは農薬で対処できる。一般的な害虫には、カイガラムシ、幼虫が新梢に穴を開けて食害するガ、ミバエ、ゾウムシ、種子を食害するイモムシ、シロアリ、果実に穴を開けるガなどがいる。ベビーフード市場向けには特に有機栽培マンゴーが好まれる。

実をつけなくなったマンゴーの木も、まだ木材や樹皮として利用価値がある。木材からは家具やウクレレのような楽器が作れる。木に生えた菌類が作り出す変わった模様を持ち、黒いふぞろいの縞が入ったマンゴー材は特に、なかなか趣がある。マンゴー材の家具産業が発展すれば、農家では実をつけない木の伐採と新たな苗木の植えつけが促進される。マンゴー材はバーベキューの燃料としても使われているが、マンゴーがツタウルシと同じウルシ科の植物で

左：フラッシングと呼ばれる新しい葉。／右：マンゴーの花。

あることから有毒成分ウルシオールが煙になって拡散される可能性があり、使わないほうがいいとする意見もある。

マンゴーの葉は、品種によって大きさや形状が若干異なるが、一般に長い楕円形をしている。表はつやのある濃い緑色で、裏はそれより明るい緑色だ。新芽の季節に伸びてくる新しい葉は「フラッシング」と呼ばれ、独特なピンクがかった紫色をしている。若葉は茹でて柔らかくすれば食べることができ、野菜として食卓に上る。葉のパウダーはビタミンや抗酸化剤として食事や飲料に加えてもよい。乾燥させたマンゴーの葉はハーブティーとして楽しまれている。

マンゴーの木にはほかにもまだ可食部分がある。花には蜜があり、ミツバチが集めればマンゴーハニーになる。インドには、種を煮たり焼いたりして野菜として食べている地域もある。種はまた、料理の香りづけとしてレシピに組み入れたり、カクテル用のマンゴー酒を作ったりするときにも使われる。アメリカ料理大学のレシピでは、マンゴーの種を一緒に煮込んでメキシコの伝統的なモーレソースに香りをつけている。

◉品種

マンゴーには大きさ、形、色、味、香り、舌触り（繊維の有無や歯ごたえなど）によってさまざまな種類がある。違いを知るには、マンゴーの実をしゃぶってみるのがいちばんだ。特有の音を立てながら五感全体を使って味わうのである。

品種ごとの実の平均的な重さは80グラム未満から800グラム超えまでさまざまだ。大きさは平均5〜25センチだが、カリブ海地域の小島ネーヴィスでは、人の頭ほどの大きさに育つと言われている。重さが2キロに達することもあるが、『ギネス世界記録2022』に載っているコロンビアのマンゴーは重さが4・25キロと、まさにボウリングの球ほどのサイズと重量である。一般品種のなかで最も大きいものはパルマーで、重さは1キロ弱くらいだ。

多くのマンゴーは涙形だが、卵形、球形、若干いびつな形の品種もある。グアテマラのマンゴー・デ・レチェは丸く、ハイチのフランシークは平べったい。トタプリは独特な楕円形で先がとがっている。キリチュンダンは、「鳥のくちばし」というその言葉の意味どおり、先が鉤状に曲がっている。

マイアミにあるフェアチャイルド熱帯植物園のマンゴーフェスティバルのポスター。

マンゴー、カストゥリ種。

フィリピンのカラバオマンゴーはややハート形で、公式な国果として、すべてのフィリピン国民が持つ思いやりの心を象徴していると言われている。

マンゴーの果肉と皮の色は驚くほど多様だ。果肉は淡い黄色から濃いオレンジまでいろいろある。インドの言葉で「サフラン」を意味するケサール種は、果肉の色からそう名づけられている。2012年のドキュメンタリー映画『フルーツ・ハンター *The Fruit Hunters*』では、園芸家のノリス・レデスマとリチャード・キャンベルが、フロリダ州コーラル・ゲーブルズにあるフェアチャイルド熱帯植物園のためにマンゴーのサンプルを集めようとインドネシアへ赴く。このマンゴーの専門家たちはバリ島にある「ワニ」、別名「ホワイトマンゴー」と呼ばれる白い果肉の珍しいマンゴーを探していた。そのマンゴーはブルネイではビンジャイの名で知られ、サゴヤシの幹の内側から取れるでんぷんを使った同国の伝統料理アンブヤのディッ

ブリックス値で糖度を測る装置。

プソースを作るのに用いられる。

マンゴーの皮の色はさらにバラエティーに富んでおり、緑から黄色、赤や青はもちろん、ひとつのマンゴーにいくつもの色が含まれていることが多い。カストゥリと呼ばれるインドネシアの珍しいマンゴーの別名は「ブルーマンゴー」で、光沢のある紫がかった青色の皮とかぼちゃのような深みのあるオレンジの果肉のコントラストが鮮やかだ。長くマンゴーが愛されてきた生育国のマンゴー好きにとっては信じられないことに、アメリカ市場では赤味を帯びた品種しか好まれてこなかった。しかし、アメリカ人も徐々にではあるが、色とりどりのマンゴーを味わうようになってきている。皮の色が必ずしも熟度を反映しているとは限らないため、マンゴー選びは消費者にとって難しく、色で判断してくだものを買うことが多い欧米人には特に混乱を招きやすい。

甘さは言うなれば味の主観的な要素だが、「ブリックス値」は糖度の客観的計測値である。ブリックス測定器はフルーツの総糖度を測るもので、その値が高ければ高いほど果実は甘い。糖度はマンゴーが熟すと上がる。フィリピンのカラバオマンゴーは最も甘いマンゴーとして1995年からギネス世界記録に載っている。

マンゴーには甘さにくわえてほのかな酸味と松の香り、また品種やテロワールによって花のような香りから柑橘系の香りまでさまざまな風味がある（テロワールとは、作物が栽培される土地固有の一連の環境特性、または特定の場所の土壌で育てられた作物にしかない特徴を表す言葉である）。マンゴーはしばしば桃とほかのフルーツ、たとえばパイナップル、オレンジ、レモン、ライムなどをかけ合わせたような味がすると言われる。フロリダで開発、生産されているココナッツクリームマンゴーはまさに名のとおりの味で、トリニダードの品種アイスクリームはマンゴーシャーベットのような味わいだ。

品種には、マニラマンゴーのように栽培地の名がついていることもあれば、人名の場合もある。たとえば、フロリダの品種アーウィンは、1939年にその品種を誕生させた植物学者F・D・アーウィンにちなんで命名されている。ジルもまた、フロリダの植物学者ローレンス・ジルの名を冠したマンゴーだ。一方、個人の名誉をたたえて名づけられる例もある。世界で最も広く栽培されている品種のひとつで、フロリダで開発されたヘイデン種は、フローレンス・ヘイデンがそのマンゴーの栽培を始めた退役軍人の夫ジョン・ヘイデンに敬意を表してつけた名だ。

長い年月のあいだに世界中の植物学者が接ぎ木を試みてきたおかげで、マンゴーの品種は数千種にのぼる。1542年にインドに着いてゴアに植民地を作ったポルトガルのイエズス会宣教師たちは、マンゴーに魅了された。マンゴーそのものは彼らがやってくるずっと前から栽培されていたとはいえ、生産量の増加を進め、科学的知見に基づく接ぎ木を通して新しい品種を開発したのは宣教師たちだった。農業技術を含む西洋の知識に関心を抱いていたムガル帝国の皇帝アクバルは、イエズス会士の接ぎ木の知識に感心して、彼らを宮廷に招き、その取り組みを支援した。後継のムガル皇帝たちも多くの新種を誕生させ、ゴアはまもなくインドの各地方と国外に出荷するマンゴーの主要生産地となった。イエズス会士が開発した品種には意味深い名前がついているものもある。「ザビエル」はイエズス会創始者のひとりである聖フランシスコ・ザビエル、「イラリオ」は16世紀に接ぎ木を行ったイエズス会士イラリオ・フェルナンデスをたたえて名づけられている。

現代で最も有名なマンゴー専門家のひとりといえば、インドのウッタル・プラデーシュ州マリハバード出身のカリーム・ウッラー・カーンである。世界中で「マンゴーの父」として知られる82歳のカーンは、父親が始めたマンゴー果樹園で暮らしている。親から受け継いだ木々を守り続けている彼は、少なくとも樹齢120年といわれる特別なマンゴーの木に、畏敬の念に満ちた特別な気持ちを抱いている。カーンは1980年代にその木で接ぎ木による新種の開発を始め、2022年までにその1本の木だけで味、色、大きさ、香りがさまざまに異なる300種以上の品種を誕生させた。(7)

欧米文化圏の多くでは、熟したマンゴーの味は「エキゾチック」あるいは「トロピカル」で、未

インドのマリハバードにある農場で、異なるマンゴー品種の接ぎ木方法を見せる「マンゴーの父」カリーム・ウッラー・カーン。

熟なマンゴーは柑橘系のような味や酸味があると表現される。フードライターでシェフのドリーン・ガンボア・フェルナンデスとジルダ・フェルナンドは、フィリピン料理のスープ「シニガン」が、いかにマンゴーの酸味を引き立てているかについて解説している(8)。マンゴーのピクルスは甘いものから酸っぱいものまでいろいろだ。タイのスイートグリーンマンゴーは、しゃきっとしたグラニースミス種のリンゴのような味だが、トロピカルフルーツとは異なるかすかな花の香りとともに、ナッツの香ばしさを感じさせるような独特なフレーバーを持つ。

いちばんおいしいマンゴー種を追い求める文献は多々ある。インド人の多くはアルフォンソ種を好むが、アルフォンソの人気は巧みなマーケティングの恩恵を受けているだけだと考える人もいる。同じくファンが多いケサールマンゴーは最高級品種のひとつで、こちらもインドで人気がある。幅広い味と食感を持つマンゴーは、品種ごとに適する料理が異なる。甘くてジューシーな完熟マンゴーの好みが人によって異なるのは、子どものころの思い出を懐かしむ気持ちに左右されるからかもしれない。インドの研究者デヴィッド・シュルマンは「南インド・ヒンドゥー教徒の香りの記憶 The Scent of Memory in Hindu South India」と題された論文で、マンゴーの香りを用いた調査から、「香りは記憶」であり「インドでは、人はにおいで過去をたどる」と説明している。(9)

マンゴーからは270種類の揮発性化合物が発見されており、フルーティーな香りのもとになるエステルや、いちごやココナッツの香りを生み出す特定の化合物も含まれている。(10)「ターペンタイン」［松やにから作られる精油］という名を持つプエルトリコのマンゴーのように、香りにちなんで命名されている品種もある。マンゴーからはテルペン［松などの植物の精油に含まれる化学物質の総称］に分類される化学物質がいくつも見つかっており、それが独特なターペンタインの香りを作っている。(11)クイニーマンゴー（学名 *Mangifera odorata*）のつんとするような「すえた」においを魅力的に感じる人もいるようだ。タイのナムドクマイマンゴーはとりわけ香りがよい。

筋が多い繊維質な品種からクリーミーと表現されるものまで、舌触りはマンゴーを楽しむうえで重要な役割を担っており、それぞれのファンが熱心に自分たちの好みを推している。エドワード、マリカ、キーツ、アーウィンといったいくつもの品種は、繊維質が最小限になるよう開発されている。一方、伝統を重んじる人々は、マンゴーを食べるときの強烈な体験には繊維が絶対に欠かせないと考えている。

マンゴーのジューシーさも重要な要素だ。詩人ウルヴィ・クンバットは「手が汚れないマンゴーなど存在しない」と語り、シェフでライターのジョアンナ・チェンは「触感が大切だ」と記している。(12) 国外に移住したインド人の文学作品にマンゴーが登場するとき、著者は果汁がしたたり、手がべたべたになるような体験を懐かしく描き、ドライでサクッとしたリンゴのような、アメリカのパックされたマンゴーの食感を嘆く。

アルフォンソ、ダシェリ、ケサールなど、いくつかのマンゴー品種は世界中でよく知られている。これらのマンゴーが栽培されている場所のテロワールに起因する、ほかにはない味や香りの特徴があるためだ。世界貿易機関はいくつかの品種に、特定の地理的な位置でしか育たないことを示す「地理的表示(GI)」を付与している。この表示は高品質を表す指標と見られており、重要なマーケティングツールになる。インドにはGIを得たマンゴー品種が10種あり、それ以外にも表示獲得手続きが進められている品種がいくつかある。

◉マンゴーの健康上の利点

マンゴーは古くから、アーユルヴェーダと呼ばれるインドの伝統医療や先住民族文化の薬として日常的に用いられてきた。アーユルヴェーダ医学では、人体には血液、骨、脂肪、血漿《けっしょう》、骨髄、筋肉、生殖の7つの要素があると考えられている。マンゴーはシュクラダートゥ、すなわち性の要素に滋養をつけ、男性の精力を高めて性と生殖の健康を促進すると言われる。マンゴーにはエストロゲンによく似た成分があり、性ホルモンの調整に役立つことから、その見解は科学的にも裏づけられている。マンゴーのさまざまな成分は4000年以上にわたって、高血圧、不眠症、リューマチ、肝障害、喘息、そして狂犬病の犬にかまれたときの処置までをも含む、さまざまな病気の治療に用いられてきた。

マンゴーで健康になったという主張は個々の体験に基づくものが多く、科学的に実証されているわけではないが、正しいかもしれないことを示す研究がある。たとえば、キューバで開発されたヴィマングという商品名のマンゴー幹樹皮抽出物の研究では、抽出物に抗酸化作用があり、がんや糖尿病ほか、さまざまな疾患に苦しむ患者に有効であることが立証されている。(13)

大衆文化では、マンゴーはしばしば健康食品として名が挙がる。実際、現代医学はマンゴーにたくさんの健康上の利点があることを認めている。(14)『メディチーナ』誌に掲載された2019年の研究では、脂肪を減らし、血中のブドウ糖レベルを下げるマンゴーの葉の抽出物が、糖尿病のコントロールに有益である可能性が指摘されている。(15)

マンゴーはビタミンやミネラルも豊富だ。スライスしたマンゴー1カップには60・1ミリグラムのビタミンCが含まれている。アメリカ食品医薬品局が勧める1日の摂取量が男性90ミリグラム、女性75ミリグラムであることを考えると、これはかなりの量である。マンゴーには、体内でビタミンAに変わるベータカロテンも含まれており、ビタミンAは体の免疫を上げることで知られている(16)。医療の提供者は、体内のカリウムを増やしてナトリウムを減らすことが高血圧の緩和に役立つと考えているが、マンゴーはカリウムの摂取にも適している。さらに、マンゴーに含まれる食物繊維、カリウム、ビタミンの組み合わせは動脈の健康維持に役立つため、心疾患のリスクを下げるかもしれない。また、マンゴーを食べれば銅、カルシウム、鉄はもちろん、ゼアキサンチンといった抗酸化物質も摂取することができる。ゼアキサンチンは、年齢とともに悪化する深刻な症状、黄斑変性症のダメージから目を守る可能性を秘めている。

マンゴーは味覚、視覚、聴覚、嗅覚、触覚の五感すべてに働きかける。マンゴーはときに子ども時代に楽しんだ懐かしい味への強烈なノスタルジア、あるいは国や地方を誇りに思う気持ちまでも引き起こす。マンゴーは11か国で国果に指定されている。人が自分の食べるものをどのように選択するのかを研究している神経科学者によれば、マンゴーは食べる人に喜びと幸福感をもたらすようである。

マンゴーはとびきりのフルーツで、全世界で愛されているだけでなく、それが育つ熱帯や亜熱帯地域では国や地方を象徴する食べ物にさえなっている。マンゴーの長い文化史を持つ国々では、マンゴーはだれにとっても情熱、愛着、感情を呼び起こすくだものである。それに対して、ヨーロッパやアメリカなど西洋の食文化には、そのような果実はひとつもないと言っていい。

第2章◉マンゴーの旅

今日、マンゴーの木が生えている国は世界に１００か国以上あるが、木は易々と自然に移動するものではない。核果の大きな種は風や鳥に運ばれるには無理がある。マンゴーの木が実をつけるには熱帯気候が必要で、苗木を船で運ぶにも生きたまま運べなければ意味がない。15～17世紀の大航海時代、コロンブス交換と呼ばれる交流を通して植物が意図的に旧世界と新世界とのあいだを行き来したとき、マンゴーは輸送が難しい植物のうちのひとつだった。種が乾き切ってしまうと発芽しないだけでなく、塩分のある海水が害をおよぼしたからだ。ポルトガル人はマンゴーをまず熟したフルーツとして、それから苗木、やがて接ぎ木をした木として西アフリカからブラジル、またその先へと運ぶようになった。マンゴーを確実に西洋へ輸送できるようになったのは、１８２９年にウォードの箱――内部で生じる蒸散［植物の水分が水蒸気として排出されること］によって植物が枯れないだけの湿気を保つことができる、気密性のある木枠のガラスケース――が発明されてからである[1]。

長い船旅でも安全に植物を運ぶことを可能にしたウォードの箱。

資料にはしばしば、ポルトガル人が15世紀にインド沿岸部を探検する過程でマンゴーを発見したと記されている。現在ではそれは、先住民にとっては新しくもないものを「発見」するという、「コロンブスのような植民地主義的観点」として批判されることもあるだろう。多くの資料にはまた、高価な品種のひとつであるアルフォンソが、現在の最高級マンゴーの栽培地ゴアを含むインドのポルトガル植民地設立に携わった将軍、アフォンソ・デ・アルブケルケ（1453ごろ～1515）にちなんで命名されたとある。だが、1575年からイエズス会士の手で行われてきた接ぎ木の賜物である、繊維質だが味のよいこの品種の名の由来には、ほかにもふたつの説がある。イエズス会は接ぎ木の技術を教えることで現地の人々をキリスト教に改宗しようとしていた。人気のアルフォンソマンゴーは、1550年ごろに接ぎ木でそのマンゴーを作った園芸家ニコラウ・アフォンソ、あるいはスペイ

アクバルの宮廷のイエズス会士。『アクバル史 Akbarnama』にある細密画。ナル・シン画、1605年ごろ。

ンのイエズス会士、聖アルフォンスス・ロドリゲス（1532〜1617）の名を冠しているとも言われている。[2] 東西のアフリカ、また大西洋を越えたカリブ海地域や南米へと、貿易ルートを拡大して植民地を築く過程において、フランス、スペイン、英国とならび、ポルトガルがマンゴーの移動に貢献したことは間違いない。

◉マンゴー、奴隷、アフリカ

植民地拡大の時代にマンゴーの木の輸送よりもはるかに重要だったのは、1501〜1866年に、1200万〜1300万人もの人々を捕らえ、奴隷としてアフリカから新世界へ運んだ奴隷貿易だった。彼らのうちの45パーセントは西アフリカ中央部の人々だったと考えられている。西アフリカ沿岸部におけるこの「三角貿易」（アフリカからアメリカとヨーロッパへ奴隷、砂糖、ラム酒を運ぶ3地域の大西洋横断交易）の主要な港は、現在のコンゴ共和国にあるロアンゴ湾だった。奴隷にされてアメリカへ送られた何十万もの人々が旅立った悲劇の場所を示す痕跡は今、何もない。残っているのは、奴隷となった人々が港まで歩いたという、樹高30メートルほどのマンゴーの木が並ぶ小道だけだ。マンゴーの木がそこにあることについてはいくつもの説がある。港の船へと移動させられたアフリカ人が最後の食事のあとに落とした種から育ったという見方。あるいは、沿岸部に残ったアフリカ人が連れ去られた人々の思い出としてマンゴーの種を植えた可能性。アフリカの

タンザニア、キゴマ地方のマンゴー並木。

一部地域には現在も、愛する人の埋葬場所近くに木を植える習慣がある。(3) アフリカの多くの村では、マンゴーの木陰は重要な社交の場になっている。1994年に始まったユネスコの「奴隷の道」プロジェクト「奴隷制と奴隷貿易の歴史とその影響について学び、語り継ぐ取り組み」のひとつとして、マンゴーが立ち並ぶその小道は、2008年に世界遺産暫定リストに載せられた。

いくつもの資料に、マンゴーの木をめぐる儀式についての説明がある。「鎖でつながれた奴隷たちは忘却の木の周囲を回った。女性と少女は7回、男性は9回。それから彼らは、死者の魂が国(ロアンゴ)へ帰ってこられるようにと、帰郷の木の周囲を回った」(4)。この忘却の儀式を行うと、奴隷となった人々はアフリカでの名前と過去の人生を忘れると考えられていた。

記念行事や記念碑の最も大切な目的は、特定の人やものごとが簡単に記憶から消えてしまわないよう、視覚的に、あるいは言葉で物語を伝えることである。1本のマンゴーの木と、説明を記したプレートが掲げられた石碑が、歴史上最もよく知られる出会いが生まれたアフリカの場所を示している。遭難した宣教師を発見した探検家ヘンリー・モートン・スタンリーの「リヴィングストン博士でいらっしゃいますか？」という問いかけ［のちに、人に思いがけず出くわした際の慣用句となった］は、1871年11月10日、タンガニーカ湖岸の街ウジジにあった1本のマンゴーの木の下で発せられた。デイヴィッド・リヴィングストン（1813年生まれ）はそのウジジで1873年に60歳でこの世を去ったが、大きな日陰を作っていたそのマンゴーの巨木は1920年までその場所に立っていた。ウジジは、タンガニーカ湖からインド洋に面した東のバガモヨへと続く、長い奴隷貿易ルートの出発点である。マンゴーは10世紀までに、アラブの商人の手でザンジバルやモンバサといった東アフリカの貿易の拠点にもたらされていた。16世紀には、ポルトガル人が奴隷貿易の副産物として沿岸部でマンゴーを広めた。ウジジの生い茂った大木が枯れると、もとの木の接ぎ木で育てられた2本のマンゴーが植えられた。

デイヴィッド・リヴィングストンが魂の救済とアフリカ人の持続可能な発展を支援するため現地に赴いたとき、彼はまだ30歳にもなっていなかった。リヴィングストンは結局、ナイル川の源流を探すことも含めて、アフリカの東部と中央部の4万7000キロを踏査することになった。「キリスト教化、商業化、文明化」が彼のモットーであり、奴隷には断固反対していた。

あるとき、リヴィングストンはアフリカで雇った隊員たちに置き去りにされたうえ、病に冒された。食料も底をついた。彼は辺りに生えているものを食べるしかなく、マンゴーも食べたという。アラブ人の奴隷商人がアフリカ人を虐殺したというおそろしいできごとの目撃証言を含め、この時期の詳細が明らかになったのは、じつは2014年になってからだ。リヴィングストンは困難な日々にさえ、のちに発表するつもりで日誌を書き続けていた。もはや紙もインクもなかったため、古新聞にベリーの果汁で作った手製の赤いインクで日々の記録が残されたが、すぐに色褪せて読めなくなった。彼は1873年にこの世を去り、日誌は最終的にスコットランドのグラスゴーにあるデイヴィッド・リヴィングストン・センターに保管された。そして2000年、ネブラスカ大学英語学部の若き教授エイドリアン・ウィスニッキが、この日誌の解読に成功した。ウィスニッキが用いたのはスペクトル画像解析の手法である。その「リヴィングストン・スペクトル・イメージング・プロジェクト」では、さまざまな波長の光のもとで日誌のページを画像にすることで、人間の目には見えないものが可視化されている。(5) 日誌は文字化、デジタル化されて、オンラインで学者たちの手に入るようになった。現在では、リヴィングストンが周囲の食料源として何度もマンゴーの木について言及していたことがわかっている。

今日、マンゴーは東アフリカで栽培され、ケニアやタンザニアから、収益性が高く、市場が拡大している中東やヨーロッパへ輸出されている。ブルキナファソ、コートジヴォワール、ガンビア、ガーナ、ギニア、マリの生産者で組織されている西アフリカ地域マンゴー連合が、生産と市場への流通を支援している。マンゴーは一斉に成熟するうえ、農家に保管場所、輸送手段、輸出戦略がないため、残念なことに、作物の多くが収穫後に廃棄されている。ロックフェラー財団の傘下にある国際組織イールドワイズは、ナイロビ大学と連携して、フードバリューチェーン［農作物が生産者から消費者に届くまでの一連のプロセスと付加価値を高める取り組み］全体を通して無駄をなくそうと努めている。目標は、マンゴー農家とバイヤーを結びつけて、小規模生産者のための拠点を設け、そこでマンゴーを等級ごとに選別して、それぞれ適した市場へ送ることだ(6)。

◉新世界のマンゴー

奴隷にされたアフリカ人は新世界に着いたあとどうなったのか？　カリブ海の島々——植民地化を進めるヨーロッパ諸国では西インド諸島と呼ばれた——に送られた囚われの人々は、強制労働に従事させられ、新たな富裕階級となった白人商人や、サトウキビの生産と流通で巨万の富を得た大農場主のために、劣悪な環境のもと、砂糖プランテーションで働かされた。作業はたいそう骨の折れる仕事で、奴隷制度は非人道的だった。たくさんの労働者に住む場所と食べ物が必要だったため、植民地を支配する大国はさまざまな食物や流通方法を試みた。そのなかには、カリブ海地域に設けられた植物園で市販用食品としてマンゴーを栽培する計画もあったが、不成功に終わった。

1758年、英国の技芸・製造業・商業推進協会（のちの王立技芸協会）は、砂糖を生産していたカリブ海地域の植民地でマンゴー栽培を始める前段階として、まずは、マンゴーの種子を英国へ持ち込むことに成功した最初の人物に賞金を出すと申し出ている。(7)

プランテーションの所有者は結局、奴隷に家庭菜園で彼ら自身の食料を育てさせるという結論に達した。マンゴーがプランテーションで栽培可能かつ収益の上がる作物になることは一度もなかったが、奴隷にされた人々は家族が生きていけるよう、それぞれの庭に、野菜とともにマンゴー、ココヤシ、バナナなどを植えた。こうして、この地域でかつて行われていた奴隷制度の遺産として、何百種ものマンゴーが生まれた。マンゴーは今でもカリブ海地域全域に広く流通している。

アフリカの言葉、音楽、踊りは今日のカリブ海地域の文化の形成に深くかかわっている。奴隷となったアフリカの民族は故郷から密かに、オリシャと呼ばれる多神教を含む信仰にかかわる伝統を持ち込んだ。キューバでは西アフリカのヨルバ族の伝統がサンテリア教へと変化した。これはオリシャとカトリック教会の聖人が結びついた混交宗教で、特定の食べ物が神に捧げられる。マンゴーは、川の水の神で結婚と出生を司るオシュンへの供物だ。マンゴーの葉は古くから伝わる治療法に用いられる。オビアと呼ばれる呪術信仰は、英語を話すカリブ海地域の14の国と属領で法で禁じられているが、(8)今日においてさえ、果実を盗むどろぼうよけとして、特別な魔力のある液体が入ったボトルが、マンゴーの木に吊り下げられていることがある。(9)

スペイン人は1523年にキューバ島でサトウキビの栽培を始めたが、キューバが最も重要な砂糖生産地になったのは、1791～1804年のハイチ革命でハイチの奴隷労働が終わってか

改造した古いシボレーに寄りかかって客を待つマンゴー売り。キューバのハバナ、2019年。

らだった。キューバをはじめとする西インド諸島の砂糖生産地域は単一栽培依存型の経済へと発展したため、地元の人々の食料を提供する農場はひとにぎりしかなかった。そこへ、スペイン政府が、1898年の米西戦争前に始まったキューバ独立運動への報復として再強制収容政策を実施したことで、人々は自分たちの小さな農場からも追い立てられてしまった。反乱軍も自力で食料を調達しなければならなくなった。部隊はマンゴーだけを食べて何日も命をつないだと、反乱軍の将軍が記している(10)。

それからほぼ100年後の1991年、キューバでは、フィデル・カストロ(1926〜2016)の共産主義支配が続くなか、ソヴィエト連邦の崩壊によって食料の輸入が途絶えた。1991〜2000年、遠回しに「平和時」と呼ばれたその「非常時」に、キューバの人々は経済危機と景気の低迷に耐えなければならなかった。食料不足は国民に再び自給自足を強いた。民間の取り組みを禁じたキューバ政府と中央集権型の経済計画の非効率さが飢餓を招いた。団地ごとに植えられたマンゴーの木は飢えをしのぐ方策のひとつだった。

キューバには「エス・ウン・アロス・コン・マンゴー」という言い習わしがある。これは直訳すると「ごはんのマンゴー添え」だが「ごちゃごちゃ」な状態を指し、ときにはもっとひどい有様の「とんでもないほどめちゃくちゃ」を意味することもある。ラム酒の製造に欠かせない砂糖はかつてキューバ経済全体の牽引役だった。外貨の獲得手段として、また雇用の点でも重要だったが、2022年のサトウキビ生産量は1908年以来最低である。キューバ人ならこのような自国の経済状況を見て、とんでもない、あるいは信じられないくらいひどいと言う代わりに「レ・スンバ・エル・マンゴー」――マンゴーを投げつけてやる――と表現するだろう(11)。

非常時の栄養価はさておき、マンゴーはキューバ中でとても愛されている。ヴィトルト・シャブウォフスキの著書『独裁者の料理人：厨房から覗いた政権の舞台裏と食卓』［芝田文乃訳。白水社。2023年］では、シェフのエラスモ・エルナンデスが、革命の英雄フィデル・カストロのために用意した料理、魚のマンゴーソースがけについて説明している(12)。今日のキューバでよく知られている品種に、サンティアゴ・デ・クーバ地方のエル・カネイで採れるビスコチュエロマンゴーがある。これは、サルサの人気歌手セリア・クルスが歌った、商品を売り込む屋台の呼び声を思わせるタイトルの歌『マンゴー・マングエ』で有名になった。

西半球の最貧国ハイチには、国果のマンゴーが豊富にある。マンゴーはハイチの最重要輸出作物のひとつだ。けれども近年は、成長中の巨大アメリカ市場で、メキシコ、ブラジル、ペルー、エクアドル、グアテマラにシェアを奪われつつある。このところの政情不安が起きる前は、アメリカの食品小売業者ホールフーズだけが、ホールフーズ・フェアトレードの取り組みのひとつとして、ハイチの小規模生産者から認定オーガニックマンゴーを仕入れていた。

ハイチには数多くの品種があるが、いちばん知られているのはフランシーク（マダム・フランシス、フランシーヌ、フランシスクなどとも呼ばれる）である。この名称の由来は不明だが、フロリダ州ホームステッドのフルーツ・アンド・スパイス・パークで熱帯フルーツのディレクターを務めるルイーズ・キングが、ほかの多くのマンゴー品種と同様に、最初に栽培されていた果樹園のオーナーの名前ではないかと述べている。このマンゴーはチチュウカイミバエの幼虫を殺す温湯処理に耐えられるため、輸出が可能だ。

ジャマイカにはマンゴーのシーズンによく使われる言葉がある。それは「鍋を火からおろせ！」だ。好きなだけマンゴーが採れるため料理をしなくていい、つまりマンゴーだけで食事になるという意味である。[13] ジャマイカの品種ではナンバー11とジュリーが人気だが、資料には、ジョン・ベリーフル、ヘアリー、スウィーティー・カム・ブラッシュ・ミー、ローディー、バック・オブ・キッチンなど、65種を超える多彩な名前が挙げられている。[14] 1782年、フランスとの海戦に勝利した英国の艦長ロドニーが船荷の植物を奪い取ったとき、そこにモーリシャスからハイチへ輸送する

ウィリー・ジャン＝ポール『ハイチの市場の女性たち Haitian Market Women』、2021年、水彩。

途中だったマンゴーが含まれていた。ロドニーは行き先をジャマイカへ変更し、マンゴーは新設された植物園で大きく成長した。[15] 植物が「ナンバー11」と記された木箱に入れられていたため、その品種は今もその名で呼ばれている。[16]

ひと昔前は砂糖貿易の主要国だった小さな島ネーヴィスとその隣にあるセント・キッツは、「カリブ海のマンゴーの都」を名乗っている。毎年開催されるマンゴーフェスティバルでは、島で手に入る40種以上のマンゴーに世界から注目が集まり、シェフたちが斬新なマンゴー料理を披露して腕を競い合う。ネーヴィス島ではどこの家庭でも裏庭に少なくとも1本はマンゴーの木があり、道路脇は生え放題だ。同国は人よりサルのほうが多いと言われ、その幸運な動物たちもいたるところにあるマンゴーをほおばっている。マンゴーゾウムシが寄生している可能性が高いため、ネーヴィスのマンゴーは輸出できず、少量の果肉を除けば、ほとんどのマンゴーは島から出ることはない。[17]

マンゴーはカリブ海地域の故郷の味であり、マンゴーの季節がいつも心待ちにされている。カリブ海の人々にはそれぞれお気に入りのマンゴーがある。もぎたてのマンゴーを生のまま食べることもあれば、サルサやトロピカルカクテルなど、おいしくアレンジして口にすることもある。

◉植民地アメリカと合衆国

新世界北部の植民地で、マンゴーが生育する地域に足を踏み入れたことがある人物と言えば、アメリカ合衆国初代大統領ジョージ・ワシントン（1732〜1799）と、独立戦争で彼の副官を務めたアレクサンダー・ハミルトン（1755または57〜1804）のふたりの建国の父である。ハミルトンはカリブ海のネーヴィス島生まれで、そこでは当時、砂糖プランテーションで奴隷労働が行われていた。奴隷たちの食料を育てる庭にはきっとマンゴーの木があっただろう。ハミルトンがマンゴーについて語った記録はないが、いたるところにマンゴーがあるネーヴィスなら、間違いなく口にしたことがあったはずだ。

ジョージ・ワシントンがエキゾチックな植物に興味を抱いたきっかけはおそらく、多感な19歳だった1751〜52年にバルバドス島へ旅した経験だろう。異母兄ローレンスが結核を患い、寒い季節はカリブ海地域で過ごすよう勧められていたため、ジョージも同行したのである。ワシントンが旅の前に読んだと思われるグリフィス・ヒューズの著書『バルバドスの自然史 *The Natural History of Barbados*』（1750年）によれば、マンゴーはスペインとポルトガルの探検家によって、1700年代に西アフリカ沿岸部からバルバドスへ持ち込まれた。ワシントンが訪問したころにはすでに島で成長していたに違いない。ワシントンの旅日記には、島のエリートになっていた裕福な砂糖プランテーションのオーナーたちとのディナーパーティーで「知っているものと初めてのものの両方」のフルーツを楽しんだようすが記されている。

それから何年か経ち、ジョージ・ワシントンは、自身の上品なディナーの席で、新たな国家のエリートたちにマンゴーを振る舞うようになった。現在のトリュフやキャビアと同様、植民地アメリカでは、インド産の輸入マンゴーピクルスをはじめとするエキゾチックな食べ物は、グルメのステータスシンボルとも言える贅沢な食材だった。18世紀、人の社会的地位はしばしばテーブルに並ぶ食事で決まった。ジョージ・ワシントンからはサクランボが連想されることが多く、幼いジョージが父親の大切な桜の木を切って傷つけてしまったけれども正直に話してほめられたという伝説はよく知られている。ワシントンは確かにチェリーパイが好きだったのかもしれないが、それでも、ワシントンの邸宅と墓地があるマウントヴァーノンに保管されている文献からは、彼がマンゴーも好きで、自宅用に個人輸入していたことがわかる。送り状によれば、1759年9月、ワシントンはロンドンに拠点を置くロバート・キャリー・アンド・カンパニーという貿易商に「材料にアンチョビ、ケイパー、オリーブ、サラダ油、インドのマンゴーひと瓶を使ったピクルス1ケース」を調達するよう依頼している。(18)

ワシントン家は気前よく豪華に客をもてなすことで知られ、独立戦争でアメリカ軍を指揮したフランス人のラファイエット侯爵、のちに第3代大統領になるトーマス・ジェファーソン、独立革命期の政治家パトリック・ヘンリーといった有名人を含む、のべ数千人のディナーゲストを接待した。テーブルには彼らの高い身分と地位にふさわしく、ピクルスをはじめ、上品で人目を引く料理が並んだ。ワシントンは、インド製マンゴーピクルスを含む香辛料をアジア、地中海地域、西インド諸島から輸入していた。妻のマーサ・ワシントン（1731〜1802）はもちろん自分の料理の腕に、そしてジョージは自分の庭園に誇りを持っていたと、スティーヴン・マクラウドの著書『ワ

ペルシアのマンゴーピクルス（トルシ・アンベー）。

シントン家のディナー *Dining with the Washingtons*』に記されている。[19]

マウントヴァーノンをよく訪れていた、同じく建国の父のひとりであるトーマス・ジェファーソンはこう記している。「ヴァージニアの暑い日には（中略）香辛料の効いた上質のピクルスほど癒やされるものはない」[20]。塩水で醱酵させたり、酢に漬けたりするピクルスは食品の保存に適した調理法のひとつで、何世紀にもわたって世界中で作られてきた。実際、1300年代にはすでに、モロッコの旅行家イブン・バットゥータが、インドの日常生活を記した年代記で、食事のつけ合わせにマンゴーピクルスが出されたと述べている[21]。

英国人は帝国の植民地インドでの料理体験を通して、インドのマンゴーピクルスの味を覚えた。酢漬けのつんとするようなフレーバーは、淡白な米料理にうまみとコクを与える。そしてのちに、その新しいトレンドが、植民地アメリカの富裕層のテーブルや人々が集う酒場《タヴァーン》で模倣されるようになった。

トロピカルフルーツは、そうした植物が育ちそうな場所を探していた英国、フランス、スペインによって、カリブ海地域の植民地に導入された。ワシントンの時代には、マンゴーのようなエキゾチックな食材が、植民地の最重要港だったフィラデルフィア港へ船で届くようになった。当時は、腐りやすいマンゴーを食べられる状態のままインドから英国もしくはアメリカの植民地へ届けるには、ピクルス、チャツネ、ジャムなどに加工する以外に方法がなかった。現在でも、マウントヴァーノンの土産物売り場には、18世紀の食品保存技術の伝統を守って作られた保存食「ハバネロ・ピーチ・マンゴー」が誇らしげに置いてある。今日の英国で人気のパブメニュー「プラウマンズ・ランチ」［農夫の昼食の意］には必ず、マンゴーチャツネのようなピクルスが入っている。

ヴァージニアのプランテーションから遠く離れたフィラデルフィアで新しい国を建てるために忙しく働いていたワシントンは、政治的な活動の場でもあった酒場で、植民地の食事に欠かせないマンゴーのピクルス、薬味、チャツネを、たびたび味わっていたことだろう。ワシントンがよく食事をしたフィラデルフィアの名高い店、シティ・タヴァーンのメニューでは、パパイヤとマンゴーが薬味や香辛料に使われていた。

インドの村の主婦たちは何世代にもわたって受け継がれてきたそれぞれの家のレシピを頼りにマンゴーピクルスを作ったが、英国のグルメたちは、ピクルス用の生のマンゴーが手に入らない、もしくは高すぎて手が出せないときのためのおもしろい回避策を考え出した。1717年の英国では、ロンドン・クラウン・アンド・アンカー・タヴァーンの料理人T・ウィリアムズが、著書『家事上手と万能料理 *The Accomplished Housekeeper, and Universal Cook*』に「コドリンをマンゴーのようにピクルスにする」方法を載せている。「コドリン」は、英国で栽培されていた小さくて酸っぱい縦長の料理用リンゴの総称で、ややマンゴーに似ている。同様に、アメリカでマーサ・ワシントンも、夫がインドから輸入した高級グルメの瓶入り加工マンゴーを補うために、自家製「インドピクルス」を作っていた。マーサのピクルスには熱帯気候でしか育たないマンゴーではなく、マウントヴァーノンの菜園で育ったワシントン家のサクランボ、ピーマン、マスクメロンが使われている。次第に、アメリカではピーマン（グリーンペッパー）が「マンゴー」と呼ばれるようになり、「マンゴー」という単語が「ピクルスにする」という意味の動詞にさえなった。アメリカ初の料理本と言われているアメリア・シモンズの1796年の著書『アメリカ料理 *American Cookery*』には「メロンをマンゴーする」方法が記載されている。今日のアメリカ中西部ではなおもピーマンが「マンゴー」あるいは「マンゴーペッパー」と呼ばれることが多い。マーサが所有していたことで知られる別の料理本、ハンナ・グラス著『わかりやすく簡単な料理のコツ *The Art of Cookery, Made Plain and Easy*』の1765年版には、インドのピクルス「パコリラ」の作り方が細かく示されている。現在の英国で広く手に入る「ピカリリ」はそれがもとになったものだ。グラスによれば、パコリラは「作り方はマンゴーを入れる場合と同じ」だが、マンゴーの代わりに香辛料ロングペッパーとキャベツを用いる。

ワシントン家では、特別な装飾のある「ピクルス皿」でピクルスが食卓に出されていた。記録には、ジョージ・ワシントンが1774年のオークションで6枚のピクルス皿を購入したとあり、マウントヴァーノンのコレクションにもピクルス皿がある。ワシントンが死去したときには、邸宅の地下貯蔵庫に27個のピクルス容器が見つかった。

専用フォークがあるフルーツはおそらくマンゴーだけだろう。使えば少しだけ食べるのが楽になるようデザインされている。このフォークは3本の先端のうち中央の1本がほかより長くとがっていて、マンゴーに突き刺さる。1800年代にはオランダで、精巧な模様を彫った銀のマンゴーフォークがデザインされた。マンゴーフォークは現在でもメキシコで製作され、使用されている。もしワシントンの時代にあったなら、きっとマーサのエレガントな食卓に並んだことだろう。

1798年、マーサがピクルスを作って食事に出していたころ、ジョージ・ワシントンは、ジョン・アダムズに大統領職を引き継いで引退したあとの新たな生活に慣れようとしていた。マウントヴァーノンのガーデニングに戻りたくてうずうずしていた彼は、独立したばかりの国家で栽培できるものはないかと、さまざまな種子を購入、収集して、仲間の植物愛好家と分け合った。トーマス・ジェファーソン同様、熱心な園芸家だったワシントンは、生まれて間もない合衆国で手に入れることのできる食料の種類を増やそうとしたのである。詳細な記録によれば、彼はマンゴーを含む「エキゾチックな」植物の種子を注文し、温度管理が可能な特注の温室で発芽を試みたという。しかしながら、マウントヴァーノンやジェファーソンの邸宅があるモンティチェロを訪れた人たちは、レモンやオレンジの木に実ったとびきりのフルーツについては言及しているものの、マンゴーについては何も語っていない。温室環境でマンゴーの木を育てると、葉は出るが、なかなか実をつけないためだろう。もっとも、結実は難しいとはいえ不可能ではない。1790年代、フィラデルフィア郊外に広大な庭と温室を備えるレモン・ヒルを開発した、植民地時代の富豪で海運業者のヘンリー・プラットは、アメリカで初めて温室栽培のマンゴーを実らせたとしてペンシルヴェニア園芸協会から表彰された。また、マンゴーの結実は、リチャード・ハミルトン（建国の父のひとりであるアレクサンダー・ハミルトンとは無関係）の設計で、フィラデルフィアより北のデラウェア川にある、こちらもまた有名な植民地庭園ならびに温室だったウッドランズを訪問した人物の1809年の日誌にも記されている。[22] ジョージ・ワシントンは北米原産のフルーツ、ポポーを高く評価していた。ポポーにはマンゴーやバナナのようなトロピカルな香りがあると言われている。マンギフェラ属とは無縁だが「ヒルビリー・マンゴー」と呼ばれることもある。

20世紀が目前に迫った1898年、アメリカ政府は国内で成長しうる新しい植物の探索に本腰を入れ始めた。国内の営利農業を拡大し、輸入食品への経済依存を削減することを目標に、米農務省の傘下に種子・植物導入局が設立された。

決意新たに初代局長となったのは、旅を愛してやまないカンザス州出身の29歳、植物学者デヴィ

デヴィッド・フェアチャイルド
(1869~1954)。

ッド・フェアチャイルド(1869~1954)である。この組織を束ねることは彼にとって夢のような仕事だった。またとない幸運だったのは、同じ植物ハンターであるバーバー・ラスロップ(1847~1927)と知り合い、永遠の友となったことである。図らずも、バーバーは世界をめぐるふたりの意欲的な植物収集の旅を支えるだけの私財も持ち合わせていた。マンゴーはマンゴスチン(マンゴーとは無関係)に次いでフェアチャイルドの好きな果実だった。ひとりで、あるいはラスロップと旅した4年のあいだに、フェアチャイルドは6か国から24種のマンゴーを米農務省に送った。(23)

同じくカンザス州出身でフェアチャイルドの同僚でもあった園芸学教授エルブリッジ・ゲイル(1825~1907)もまた、アメリカにマンゴー栽培を導入するうえで重要な役割を

実をつけたマンゴーの木。フロリダ州ホームステッド。

担っている。ゲイルは、まさにマンゴニアという名の退職後の家の敷地に、インドのプネから送られてきたいくつもの接ぎ木苗を植え、生まれた品種を「マルゴバ」と名づけた。マルゴバの種子は、こちらも引退した元軍人のジョン・ヘイデン（1853〜1903）とその妻フローレンス（1860〜1949）に買い取られた。カリブ海地域の低地からもたらされた繊維質で香りの強いターペンタインマンゴーとマルゴバのかけ合わせはうまくいった。ジョンは苗木が実をつけるところを見ることなくこの世を去ったが、妻が夫の姓を取って、みごとに美しいその品種を「ヘイデン」と命名した。フローレンスは果実をフロリダで販売したほか、マンゴーチャツネの独自レシピも作っている。100年後、ヘイデンの苗木からはケント、キーツ、トミーアトキンスという品種が生まれ、世界でも最大級の利益を上げる商業品種となった(24)。

1938年に退職してフロリダ州マイアミに移ったフェアチャイルドは、支援者の一団とともにフェアチャイルド熱帯植物園を設立した。同園は研究と教育の施設を伴う、珍しい公営の熱帯植物園である。園には現在でもフェアチャイルドが集めた多くの標本があり、毎年開催されるマンゴーフェスティバルが有名だ。そこに育つ品種のひとつで、デヴィッド・フェアチャイルドの名を冠したザ・フェアチャイルドには複雑な「旅」の歴史がある。1900年代のパナマ運河地帯に起源を持つこの品種は、1926年にハワイ経由でアメリカ本土に持ち込まれ、1938年にデヴィッド・フェアチャイルドの手でフロリダに植えられた。その後枯れてしまったが、1992年に、めぐりめぐってホンジュラスからフロリダのフェアチャイルド熱帯植物園に戻り、再び植えられたという経緯がある。

1899〜1937年のあいだに、米農務省の働きで528品種のマンゴーがインド、フィリピン、西インド諸島をはじめとする国々からアメリカにもたらされた。米農務省はマンゴーを含む果実を収集していただけでなく、カラー写真が誕生するより前の時代には、植物を正確に記録するための絵描きを雇っていた。米農務省の果樹園芸学水彩画コレクションには現在、7584点の絵が存在し、そのうち80点にマンゴーが描かれている。

1898年に創設された米農務省遺伝資源保管所には数百にのぼるマンゴー品種の標本があり、そこではなおもすぐれた品種の選別と栽培の技術の向上についての研究が継続されている。運命と

デボラ・パスモア『マルゴバマンゴー Mulgoba Mango』、1907年、水彩、米農務省果樹園芸学水彩画コレクション。

はおもしろいもので、フロリダにあるその保管所は今、もとは世界中からもたらされた品種を逆に世界に供給している。

1970年代はフロリダのマンゴー栽培にとって栄光の10年だった。現在、アメリカ市場のマンゴーの99パーセントはメキシコ、中米諸国、エクアドル、ブラジル産だが、それらはみな起源がフロリダにある。フロリダ州南部のジル家は、今でも理想のマンゴーを粘り強く追い求め続けている。1940年、園芸家で苗木園のオーナーだったローレンス・ジルが、一族の名を冠したジルマンゴーという栽培品種の繁殖を始めた。このマンゴーは苗木として広く商業用に植えられているフロリダヘイデンをもとにした品種で、そこから生まれた新しいマンゴーにはさらに、家族の名前――キャリー、ドット、ゲーリー

――がつけられた。1990年代には、苗木事業を継いだローレンスの息子ゲーリーが野心的なマンゴーの品種選考開発プロジェクトを立ち上げた。マンゴーの葉の香りと樹液が挿し木栽培マンゴーのフレーバーの指標になると考えた彼は、1万本を超える苗木を植えたのである。そこからは、特に香りがよかったシュガーローフ、フルーツパンチ、ハーヴェストムーン、ココナッツクリーム、フルーツカクテル、アグリーベティ、パイナップルプレジャー、そしてヴィーナスを含む20～30種の特上の品種が選び出されている(25)。

1991年、マイアミ地域で、とあるシェフのグループが、フロリダ南部特有の料理を作って広めるために互いに協力することを決め、「マンゴーギャング」を名乗った。マンゴーは異国風でありながら地元のものでもあるという点で、コラボの象徴に最適だった。ノーマン・ヴァン・エイケン、アレン・サッサー、ダグラス・ロドリゲス、そしてマーク・ミリテロは、それぞれのレストランで、地元産の熱帯や亜熱帯性の食材と、地域で暮らすカリブ海地域や南米出身者の声に焦点を当てた。シェフたちは今なお、およそ30年前に彼らが協力して作り上げたマイアミ料理界の一翼を担っている。家庭の料理愛好家たちも、フロリダ州パインアイランドで毎年開催されるマンゴーフェスティバルのベーキングコンクールへの参加を楽しんでいる。

アメリカで暮らす南アジア出身者が増え、より多くのアメリカ人が旅行で南アジアのおいしいマンゴーを味わうようになったのに合わせて、南アジア産マンゴー種の需要が高まっている。収穫期が短く（6～8週間）、輸送コストがきわめて高く、輸出入の条件が細かく定められていることが原因で、南アジアからアメリカ市場にたどり着くマンゴーはわずかしかない。インドのマンゴーをアメリカへ輸入する数少ない業者のひとりで、現在はアメリカに居住するインドのグジャラート州生まれの歯科医バスカー・サヴァニは、このニーズを満たそうと、輸入制限の緩和を働きかけ、アルフォンソとケサールマンゴーをインドにある自分の家族の農場からアメリカ市場へ空輸しようと熱心に試みている。サヴァニはインドの家庭栽培マンゴーに対する情熱を野生生物保護の珍しい取り組みと結びつけ、絶滅が危惧されるインドライオンといった野生の動物のために既存の国立公園につながる緑の回廊を作れるよう、インドの農家にマンゴーの植栽を勧めている。[26]

デヴィッド・フェアチャイルドの足跡をたどる現代のフルーツハンター、リチャード・キャンベルとノリス・レデスマは、長い年月をかけてフェアチャイルド熱帯植物園の調査に携わってきた。ふたりは今も、アメリカ市場向けの完璧なマンゴー品種を世界中で探し続けている。キャンベルがコンサルタントを務めているシルーリ・ブラザーズ社は、メキシコのアタウルフォマンゴーを「シャンパンマンゴー」というブランド名で売り出して、アメリカの消費者に赤い色と熟度は同じではないことを知らしめた。同社は、メキシコの太平洋岸に沿って南北に伸びる広大な地域でマンゴーを栽培しており、各地で実が熟す時期が異なることを利用して収穫期間を延ばしている。レデスマは、消費者の目から見たときにわずかな傷などが気にならず、なおかつ望ましいフレーバーを届けることができるような、かわいらしい紫色のマンゴーを開発中だ。

第3章◉ムガル帝国とマンゴー

ムガル帝国時代より1800年ほど前、マウリヤ朝（紀元前321～紀元前185）の全盛期を支配したインドの偉大なるアショーカ王（紀元前268～紀元前232）は、みずからの帝国を築くために戦った血みどろの争いののち、仏教に改宗し、暴力を絶ち、戦争に背を向けた。彼は法勅「自らの統治理念」を刻んだ巨大な石柱を国中に建て、自分の旅路に沿ってマンゴーの森を作り、腹を空かせた貧しい人々の糧にするよう命じた。今日、アショーカはインドの主要なレトルト食品ブランド名で、アルフォンソやケサールマンゴーの果肉、マンゴーピクルス、チャツネ、あるいは今風のタンゴー・マンゴー・ディッピングソースといった商品が並ぶ。ムンバイで1930年代に創業した同社の理念には「世界中に食料を」とある。[1] アショーカはまた、「だれもが変革者になれる世界をめざして」社会起業家「事業を通して社会問題の解決に取り組む人々」を支援する、1980年代に立ち上げられた組織の名前でもある。同組織は世界中でたくさんのプロジェクトを支援しており、マンゴーの栽培者を援助する取り組みも多い。[2]

法勅が刻まれたアショーカ王の石柱。インド、ビハール州。

ハルシャとも呼ばれる皇帝ハルシャ＝ヴァルダナ（590～647ごろ）も、アショーカ王の800年ほどあと、ムガル帝国よりまだ900年ほど前の606～647年にインド北部を支配していた有力なインドの皇帝だ。当時の年代記にはハルシャへの貢ぎ物の目録があり、宝飾品、絹、希少な宝石、金銀、編みかご、スパイス、異国の動物、鳥、そして驚くべきことに高価な珍品として、頑丈な竹筒に詰められたマンゴーの樹液が載っている[3]。中国から訪れていた僧侶の玄奘《げんじよう》（602～664）は、ハルシャの時代の仏教大学ナーランダ僧院に「直射日光をさえぎる濃い木陰を居住者にもたらすマンゴーの森」があったと記している[4]。マンゴーはインド中に生えていたと彼は言う。

けれども、熱心な園芸家で、マンゴーへの愛をつぶさに記録に残したのは、なんといっても、ぜ

『バーブル・ナーマ』の細密画にあるマンゴーの木、1590年ごろ。

いたくを極めたムガル帝国の支配者たちだった。バーブルからフマユーン、アクバル、ジャハーンギール、シャー＝ジャハーン、アウラングゼーブ、そして最後の皇帝ザファルまで、ムガルの皇帝ひとりひとりがマンゴーを楽しみ、この南アジア原産の果樹栽培におおいに関心を抱いていたことが、記録や日誌に残されている。

マンゴーはムガル帝国の建国に貢献したのだろうか？　資料によれば、中央アジア、ティムール朝サマルカンドの支配者だったフルーツ好きのバーブル（１４８３〜１５３０）は、インド北部トゥグルク朝の君主ダウラト・ハーン・ローディーに領土と戦利品を約束されて、インドの政治にかかわるようになったらしい。けれども、ローディーが最終的にバーブルの協力を得られたのは、戦略的なマンゴーの贈り物のおかげだった可能性もある。バーブルはローディーの敵、メーワール王国のラーナーサンガ（１４８２〜１５２８ごろ）を破り、ムガル帝国の基礎を築いた。(5)

皇帝バーブルが統治した16世紀、彼は自身の日常と周囲の状況を、著書『バーブル・ナーマ *Baburnama*』（１５２５〜１５２６）に詳しくつづった。同書はイスラム文学の最古の自叙伝だと考えられている。のちにバーブルの孫息子たちがこの写本に挿し絵を入れさせているが、バーブルはじつは出身地ペルシアのマスクメロンのほうが好きだったようである。「マンゴーはおいしいときはすばらしくおいしい。たいていは未熟なうちに収穫されて、熟すまで屋内で保管される。熟していないマンゴーは手ごろな薬味になり、シロップ漬けにしてもよい。すべてを考え合わせると、マンゴーはヒンドゥスタン［インドのペルシア語名］で最高のフルーツである」(6)。バーブルはふた通り

シンガポールの市場に並んだアルフォンソマンゴー。

のマンゴーの食べ方を詳述している。ひとつはマンゴーを握ってやわらかくしてから穴を開け、おいしい果汁を吸い出す方法、もうひとつは熟れた桃のように手で皮をむく方法だ。(7)

バーブルの孫息子アクバル（１５４２〜１６０５）は大のマンゴー好きで、帝国中でマンゴーの果樹栽培を奨励した。広大なムガル庭園の一部に正式に果樹園が設けられるようになったのはこのアクバルの時代で、彼自身もダルバンガ近郊に、１０００本ものマンゴーの木からなる有名な果樹園ラルバーの建設を進めた。(8)

目的や規模を問わず、ムガルの皇帝たちは園芸に夢中になった。マンゴーを含め、青々と茂った果樹には濃い日陰を作るという利点もある。『最後のムガル *The Last Mughal*』（２００６年）を著した作家ウィリアム・ダルリンプルは「ムガル人にとって、庭園とは楽園を表現したものであり、植物や香りの知識が豊富なことは教養ある人間に欠かせない重要なたしなみだと考えられていた」と指摘している。(9)

アクバルの命を受けて宮廷書記のアブル・ファズル（1551～1602）がまとめ上げた16世紀の記録『アクバルの統治 *Ain-i-Akbari*』には、マンゴーが何度も登場する。アブル・ファズルはアクバルの帝国の植物相を説明しながら、マンゴーについて、「色、香り、味で並ぶものはほかになく」、ムガルの支配者たちの故郷が原産の高価なマスクメロンやぶどうにもまさると述べている。

形はあんず、マルメロ［別名セイヨウカリン］、梨、あるいはメロンに似て、重さは1シーア［約1リットルの乾量、1キログラム］以上ある。色は緑、黄色、赤、まだらなどがあり、甘い実も、やや酸っぱい実もある。若木はとりわけ見栄えがよく、ナッツが採れる木よりも大きい。葉は柳に似ているが大ぶりだ。秋に古い葉と入れ替わるように芽吹く新葉は、緑と黄色、オレンジ、桃色、明るい赤色をしている。春に咲く花はぶどうに似て、よい香りを放つが、かなり風変わりである。(10)

アブル・ファズルは、アクバル陛下の力添えもあったおかげでマンゴーはインドのいたるところにあると語り、未熟で酸っぱい緑の実はピクルスをはじめとする保存食に利用できると書いている。実を甘くするため木の周りにミルクと糖蜜をまくという珍しい施肥についても触れ、マンゴーの実の数は年ごとに大きく変わり、豊作の年もあればまったく採れない年もあると注意を促している。[11]収穫や保存の方法と並んで、医療におけるマンゴーの利用についても詳しく記されている。

マンゴーを大量に食べたときは、マンゴーの種子の仁を入れたミルクを一緒に飲むことで消化が促進されるだろう。古い種子の仁はやや酸味があって味がよい。2〜3年置いたものは医療に用いられる。半熟のマンゴーを指2本分の長さの茎ごと収穫し、茎の切り口を温かいろうで閉じてバターやはちみつに漬けておけば、2〜3か月のあいだは味が変わらず、色にいたっては1年ほどそのまま保つことができる。[12]

マンゴー好きの伝統を受け継いだアクバルの息子、皇帝ジャハーンギール（1569〜1627）は、多々ある帝国のおいしいフルーツのなかでもマンゴーがいちばん好きだとはっきり述べている。[13]『ジャハーンギールの回想録 *Tuzuk of Jahangir*』のなかでマンゴーを比較している彼は、果汁の甘さ、香り、味、消化のよさにおいて、アグラ地方チャプラマウのマンゴーがほかのすべてにまさると宣言している。果樹栽培は不確実で費用がかかり、たくさんの人手を要するため、それに従事する臣民の励みになるようにと、ジャハーンギールは園芸家の税を免除した。[14]

ジャハーンギールの妻のなかでも特に寵愛を受けていたヌールジャハーン（1577〜1645ごろ）は、あへん中毒だった夫に大きな影響を与えた。彼女はマンゴーの飲み物を好み、

ペルシアのシャー＝アッバースを歓迎するジャハーンギール。ムガル絵画、1620年ごろ。水彩、金、墨、紙。

マンゴーとバラで香りづけしたワインを作った。このムガル皇妃の名を冠した希少なマンゴー種ヌールジャハーンは、マディヤ・プラデーシュ州カティーワーダでしか栽培されていない。今日のマンゴーファンは、30センチほどの大きさになることもあるヌールジャハーンマンゴーを、収穫の何週間も前から予約している。ほんの5年ほど前までこのマンゴーは絶滅寸前だったが、地元州政府による栽培促進の取り組みが功を奏している。(15)

マンゴーの品種として名を残しているムガルの女性にはもうひとり、踊り子で遊女だったアナルカリがいる。彼女の物語はインドの映画界ボリウッドでよく用いられるテーマでもある。このマンゴーは、実を縦半分に切ったときに、半分ずつ異なる色、香り、味をしているという点で、他に類をみない。(16)

ムガル帝国では、皇帝たちの後押しを得て、園芸分野でさまざまな試みが進められた。とりわけ接ぎ木では、バンガロールとも呼ばれる有名なトタプリを含む、数千もの新しいマンゴー品種が誕生した。インドの主要な栽培品種である先のとがったこのマンゴーの名は、まさにその姿のとおり「オウムのくちばし」を意味している。皮はほかの品種ほど苦くなく、実と一緒に食べることもある。(17)皇帝にちなんで名づけられたジャハーンギールマンゴーは、現在ではきわめて貴重な品種である。

ムガルの支配者たちがそれぞれマンゴーの品種として名を残しているように、現代では政治家やスポーツ選手や俳優までもがマンゴーの名になっている。ナモマンゴーは２０１５年にインドの首相ナレンドラ・モディの名をもらった。２０１０年に2種の既存のマンゴーをかけ合わせて作

マンゴーとバラで香りづけされたワイン。ムガル時代のヌールジャハーンのレシピをアレンジしたもの。

られたサチンは、クリケットのインド代表チームのスターで2013年にテストマッチの代表から退いたサチン・テンドルカールにちなんでいる。アイシュワリヤー・ラーイマンゴーは、1994年にミス・ワールドに輝いた有名な俳優兼モデルの名を冠している。

古代インドの性愛論書『カーマ・スートラ』にある「64芸」の説明からわかるように「身につけるべき64の諸芸のひとつに園芸がある」、繁殖技術としての接ぎ木はかなり昔の4世紀ごろから知られていたが、皇帝の庭園でしか許されていなかった。その禁を解いたのはジャハーンギールの息子シャー＝ジャハーンである。(18) マンゴーの接ぎ木技術は現在でも南アジアで広く用いられている。インドをはじめとする世界各地で、マンゴー生産者は、接ぎ木の成功率と生産性を上げるために、苗木をプラスチック袋のなかで接ぐ、あるいはバナナのホルモンを利用するといった斬新な方法を試みている。

ジャハーンギールとシャー＝ジャハーンは、採れたてのマンゴーの見た目、香り、味を楽しんだだけでなく、カンサーマーと呼ばれる宮廷のお抱えシェフがこの果実を使ってユニークな料理を考案したときには褒美を与えた。酸っぱい未熟なマンゴーで作るドリンクのアームパンナや、人気の米とマンゴーの料理アームカミータープラオやアンバプラオなど、そうした手の込んだ料理のいくつかは現在でも特別な機会に用意される。ムガルの正餐はシンプルではない。一度の皿数が多く、食事は何時間にもわたって続けられた。食べ物は、きれいな雨水と聖なるガンジス川からはるばる運ばれた貴重な水で調理され、毒を検知できると考えられていた翡翠と貴重な宝石が埋め込まれた

マンゴーの木のそばで川を楽しむ女性たち。ムガル絵画、1765年ごろ。テンペラ、金、紙。

金銀の皿に盛りつけられた[19]。

手の込んだマンゴー料理、薬の調整、媚薬の作り方は、15世紀後半に収集され、挿し絵がつけられた『スルタンの喜びの書 *Ni'matnama of the Sultans of Mandu*』に記されている。そこにはたとえば、甘い料理と甘くない料理のレシピ、胃腸の不調や勃起不全の治し方はもちろん、香水の作り方まである。ムガル帝国よりはるか昔のハルジー朝においてさえ、王アラー・ウッディーン・ハルジー（1296〜1316）がサヴィマ砦で開いた有名な宴では、すべてがマンゴー料理だった。ハルジーは、マンゴーは自分の性欲促進剤だと語ったと言われている[20]。

歴代のムガル皇帝同様、シャー＝ジャハーンも生のフルーツ、とりわけマンゴーが好きだった。彼は、デカンにある自分のお気に入りの木から採れるマンゴーを、息子のアウラングゼーブが父親の宮廷に送らずに密かにため込んでいたとして、息子を罰したことでよく知られている[21]。アウラングゼーブの統治時代には、ヴェネツィアの探検家で『ムガルの歴史 *Storia do Mogor*』の作者でもあるニッコロ・マヌッチ（1638〜1717）がブルハンプルで見聞きしたことを書き記している。「この街にはたくさんのくだものがあるが、アンブ（アンバ）もしくはマーンガ（マンゴー）はインド随一のフルーツだ[22]」

ムガル帝国の支配者たちは帝国の終焉までずっとマンゴー好きだった。歴史家ウィリアム・ダルリンプルによれば、ザファルという名で詩も残した最後の皇帝バハードゥル＝シャー2世は「月夜の明かりを楽しみ、歌に耳を傾けながら、生のマンゴーを口にして」宵を楽しんだという[23]。年老い

マンゴーフェスティバル、ニューデリー、2018年。

たザファルは英国の手でミャンマーへ追放され、その地でひっそりと永遠の眠りについた。

タージ・マハルはムガル帝国建築物の代表例で、皇帝シャー＝ジャハーンが最愛の妻ムムターズ・マハルのために建てさせたものだが、その庭園に、かつてマンゴーの木が生えていたことが園芸考古学からわかっている。現在そこにある植物は、1909年に、以前から生えていた木々を排除して遠くまで見渡せる平らな庭にしようと考えた当時の総督、カーゾン侯爵による英国支配の置き土産だ(24)。美しいムガルの庭園がどのような姿をしていたかは、復元されたピンジョール（別名ヤダビンドラ）庭園で、その片鱗をうかがうことができる。こちらの庭園は、帝国の首都をラホールに移したアウラングゼーブ（1618～1707）が夏の避暑地として作ったものだ。庭園では毎年、ピンジョール・マンゴー・メラと呼ばれるフェスティバルが開催され、マンゴーの農産物が並ぶほか、マンゴー食い競争が楽しまれている。

ムガルの宮廷儀式では、贈り物を渡して名誉を授けることが重要な役割を果たしていた。これは、支配者こそがすべての富の源であることを知らしめるためであり、また支配者の施しを受けた者が服従する立場にあるとみずから認めるためでもあった。16～19世紀のムガルの支配者たちはマンゴー外交の達人だったが、マンゴーの木や実を贈る伝統はその何世紀も前から存在している。マンゴーは「すごいフルーツ」だと、2006年にインドを外交訪問して、古くから南アジアに伝わる食べ物を贈る伝統儀式でマンゴーを口にした、当時の米大統領ジョージ・W・ブッシュは述べている。マンゴーの贈呈は実際、米企業ハーレーダビッドソンにかけられた輸入規制の撤廃を含む条項についての貿易交渉の一部だった。規制撤廃の代わりとして、害虫の侵入が懸念されるために1989年から輸入が禁止されていたインド産のマンゴーが、再びアメリカに輸入されることになったのである。(25)

今日にいたってもなお、ムガル帝国の時代と同じように、外交ギフトとしてのマンゴーがさまざまな理由で、また多くの目的のために交わされている。たとえば、最高品質のマンゴーは毎年、たとえ関係が冷え込んでいても、インドとパキスタン両国の指導者のあいだでやりとりされる。パキスタンの外相は2021年に次のような声明を出した。「パキスタンの大統領は例年、友好の証しとして、また貿易外交を促進するために、特定の国々に最高級マンゴーを贈呈している(26)」

第4章◉英国とヨーロッパとマンゴー

「マンゴーとはなにかしら?」 2017年の映画『ヴィクトリア女王 最期の秘密』では、ヴィクトリア女王役のジュディ・デンチが、女王の親友となった若きインド人書記官アブドゥル・カリムを演じるアリ・ファザルにそう尋ねる。「フルーツの女王にございます、陛下」とアブドゥルは伝える。けれども、そのすばらしい果実が、6週間というインドからの長い船旅を終えて到着したとき、それは明らかに「腐って」いた。

『ヴィクトリアとアブドゥル――女王の親友の実話 *Victoria and Abdul: The True Story of the Queen's Closest Confidant*』(2010年)を著した伝記作家のシュラバニ・バスは、このエピソードは本当にあったと述べている。ヴィクトリア女王はインド女帝の称号も持っていたとはいえ、生のマンゴーを味わったことはおそらく一度もなかっただろう。それでも、女王はアブドゥルとの交友を通して、カレー、ピクルス、チャツネといったインド料理のおいしさを知り、宮殿の日々の食事に組み込みさえした。一方、大のマンゴー好きであるファザルも、彼にとって現実世界の「女王」

ヴィクトリア女王とアブドゥル・カリム、バルモラル城、1895年10月。ゼラチンシルバープリント。

マンゴーフォーク。

でメンターでもあるジュディ・デンチに、新鮮なアルフォンソマンゴーを届けたらしい[1]。心温まるグルメな裏話である。

ミシュランの星を獲得したニューヨーク市のレストラン、ジュノーンの総料理長だったインド人シェフのヴィカス・カンナは、2017年に映画の封切りを祝って、そのマンゴーのシーンからヒントを得たデザートを作った。カンナは、グルメ情報やレストランレビューを掲載するオンラインメディアのイーター・ニューヨークで、2011年と2012年に2年連続で「ニューヨークで最も話題のシェフ」の称号を得ている。彼はまた、ハリ・ナヤックとの共著で、料理本『マンゴー・ミーア――すばらしきマンゴーのトロピカルな世界 *Mango Mia: Celebrating the Tropical World of Mangoes*』(2005年)を執筆してもいる。

現在英国のロイヤル・コレクション・トラストが所蔵している8点セットの磁器デザートセットのひとつに、フルーツ型の装飾で環状に飾られたデザートスタンドがある。これは、1838年のヴィクトリア女王の戴冠式で初めて使われたロッキンガム製陶所作の56ピースデザートセットの一部だ。このスタンドには、女王がたいそう誇っていた大英帝国の計り知れない大きさをたたえるものとして、マンゴーを含むインドと西インド諸島のくだものを模した装飾が施されており、それぞれの飾りの下にくだものの名が記されている。ロイヤル・コレクションに収められている王室へのすばらしい贈呈品にはほかにも、インドの塔門の精巧な彫刻があり、塔門を囲むように、実をつけたマンゴーの木とともにインドの村の風景が刻まれている。こちらは1961年にグジャラート州知事から、英連邦歴訪でインドを訪れた女王エリザベス2世に贈られたものだ。

果汁の多いマンゴーにナイフやフォークは通用しないとはいえ、礼儀作法を重んじ、テーブルマナーにうるさかったヴィクトリア女王ならきっと、マンゴーの汚らしい食べ方には眉をひそめたことだろう。彼女の治世に、英国人が巨大な植民地帝国で「上品な」テーブルマナーの基準を定めた結果、フォークやスプーンなどのカトラリーが世界中に広まった。ヴィクトリア時代にはマンゴーフォークが誕生したが、多くのマンゴー好き、たとえばニューヨーク州セントラルヴァリーにグランド・マンゴー・カリビアンレストランを所有するナディン・トンプソン＝バーハムらは、ナイフとフォークを使ってしまったら「マンゴーを食べる意味がない」と断言している。

M・S・ランダワ（1909～1986）は20世紀の有名なパンジャブ出身行政官で、歴史、植物学、景観設計に造詣が深く、庭園都市チャンディーガルをデザインしたことでよく知られている。ランダワはマンゴーについてこう記している。「英国人は、インド人が床に座って、肘まで果汁を垂らしながらマンゴーをすすっている姿をよく思わなかった。彼らはしばしばマンゴーを『バスルームのフルーツ』と呼び、インド人の使用人にバスルーム以外でマンゴーを食べるなと命じた[2]」。樹木の栽培管理に尽力したランダワは今なお、インドで毎年開催される芸術と文学のフェスティバルでたたえられている。2019年7月にはカラバで、彼に敬意を表して、アンブ＝チョープ・メラ、すなわちマンゴーをすする祭りが開催された[3]。著書『インドの花木 *Flowering Trees in India*』で、ランダワは古くから伝わる園芸について語っている。「わたしが若いときに植えたマンゴ

グレイ大佐のマンゴーチャツネを添えたプラウマンズ・ランチ。

ーの葉は今でも生き生きとしている。わたしの老いた体にはそのような元気はもうない」。ランダワは英国生まれのインド人人類学者ヴェリエ・エルウィン（１９０２〜１９６４）の言葉を引用している。「若いころにマンゴーやタマリンドの木を植えた人は、歳をとったときに、みずみずしい青葉の力強さと自分の手足の弱さとを比べて、木をうらやましく思うものだ」[4]

英国支配下でインドに移り住んだ英国人は手を使ってマンゴーを食べることはなかったかもしれないが、チャツネという形で保存食品にされたマンゴーは好むようになった。詳細は記録にないが、「グレイ大佐のチャツネ」は英領インドで軍務にあたった19世紀の英陸軍将校が作ったものだと言われている。アメリカでは多数のメーカーが製造しているため手に入れやすいそのマイルドな薬味には、マンゴー、レーズン、酢、ライム果汁、玉ねぎ、タマリンドエキス、甘味料、そしてさまざまなスパイスが入っている。パン、チーズ、甘味あるいは塩味の薬味を並べた英国の冷たいワンプレート料理で、もとは農夫が畑に持っていく弁当として考えだされた「プラウマンズ・ランチ」には、チャツネが欠かせない。

勇気あるヴィクトリア時代の女性たちは、マンゴーの栽培地域でそのくだものに出会ったときのようすを記している。植物を探し求め、絵を描き、世界を旅したマリアンヌ・ノースは、マンゴーの木、花、そして実をいくつもの絵に残した。1870年代にインドで描き上げた『クローヴの葉と花、マンゴーの果実、そしてヒンドゥーの知恵の神 *Foliage and Flowers of the Clove, Fruit of the Mango and Hindoo God of Wisdom*』と題された作品はその代表である。彼女は1880年代に900点を超える作品をキュー王立植物園に寄贈した。「マンゴー（学名 *Mangifera indica L.*）は一般に最高においしい熱帯性果実のひとつとみなされているが、たくさんの品種があり、品質が大きく異なる。熟していない実はタルトに利用されたり、砂糖漬けや酢漬けにして保存される」と彼女自身の注釈が添えられている。(5)

アニー・ブラッシー（1839〜1887）はヴィクトリア時代の人気作家で、豪華なヨットに5人の子どもたちと犬を乗せて、夫とともに世界を旅した。旅行記『サンビーム号の旅——11か

マリアンヌ・ノース『マンゴーとガネーシャ Mango and Ganesha』、1870年代、油彩、板。

月の海上のわが家 *A Voyage in the 'Sunbeam': Our Home on the Ocean for Eleven Months*』（1878年）には、初めてマンゴーを味わった日のようすが記されている。

フルーツの王様――あんずとパイナップルを合わせたような味で、よいものは確かにさまざまな心地よい香りがほのかに感じられるが、一般的な苗木がつける実はテレピン油が混ざったようなにおいがして、たいていは、どろりとした甘い果汁がたっぷりあり、子どものころからマンゴーと暮らしてきた人々が高く評価するたぐいのものは、よそ者の口にはまったく合わない。いちばん好ましいのは果肉に繊維がなく、カスタードのようにスプーンで食べられるものだが、繊維質が多く、舌に刺激を与えるような風味がもてはやされている。そうした品種は実を押して、皮に開けた穴から果汁をすすって食べる。(6)

そしてこう続ける。

マンゴーをじっくり味わいたいなら、だれかがいるところで食べてはいけない。早朝に船から身を乗り出して、袖を肘までまくり上げ、ナイフもフォークも使わずに、歯で皮をかみちぎって、あふれんばかりの果汁をすするのである。(7)

海軍将校の娘だったマリア・カルコット（１７８５～１８４２）は、インドとセイロン（スリランカ）で暮らし、広く旅して回った。１８１２年に刊行された著書『インド暮らしの日誌 *Journal of a Residence in India*』で彼女は、マザゴン（現在のムンバイ市の一部）はマンゴーの栽培でよく知られ、その地のマンゴーは「自分が食べたなかで間違いなくいちばんおいしいフルーツ」だと語っている。

たくさんの品種が接ぎ木された親木には、実がなる季節になるとインド人兵の護衛がつけられる。皇帝シャー＝ジャハーンの治世には、たくさんの新鮮なマンゴーを王家の食卓に届けようと、デリーとマラータ沿岸とをつなぐ街道で運び屋が待ち構えていたという(8)。

イザベラ・ルーシー・バード（１８３１～１９０４）は、マレー半島の冒険について記した『黄金の半島とそこまでの道のり *The Golden Chersonese and the Way Thither*』（１８８３年）ほか、自分の旅やそこで見たものについて数多くの本を執筆した。探検家、写真家、そして博物学者でもあったバードは、王立地理協会の正会員に選ばれた初の女性である。彼女はハワイ諸島でのマンゴー体験について次のように記している。

最初に訪れた家の主、K氏は、島々にこの上なくすばらしいマンゴーの森を所有している。

インド、プネ近郊のマンゴーの木、1895年。

木々には立派な葉があるが、いたるところが黒い病斑で覆われており、古い葉全体に粘り気のある膜がかかって、まるで森全体が喪に服しているかのような姿をしている。マンゴーは熱帯性の果実で、人々に愛されており、箱ごと友人にプレゼントされる。果実は黄色く、赤みを帯びたつやがあり、大きくて味のよいプラムを3倍に拡大したような感じだ。気持ちよく食べたければ、かたわらに水を入れた桶を置いておくこと。友人からの敬意を失いたくないなら、だれもいないところでひとりで食べるといい。マンゴーには巨大なタネがあり、果肉は不釣り合いなほど少ない。わたしは口に入れた瞬間にテレピン油のような味を強く感じるが、普通はそうではないらしい(9)。

若干の例外はあるが、スペイン南岸のマラガ近郊とシチリア島のごく狭い微気候地域を除けば、ブリテン諸島と大陸ヨーロッパは、ほぼ全域がマンゴーの栽培

マンゴーの形をしたマンゴー風味のデザート。フィラデルフィアのレストラン、ア・ラ・ムース。

には適さない。農家はオリーブ畑を収益性の高いマンゴーの森に転換しているが、メリットばかりではないことがわかってきている。地中海の気候で果樹を栽培するとこれまでより多くの水が必要になり、それが資源のバランスを変えてしまうためだ。

気候変動の影響を受けて、シチリア島内の限られた地域では、マンゴーを特産品として栽培できるようになった。シチリアの農家は何世紀ものあいだレモンやオレンジの栽培に成功してきたが、現在はそうした伝統的なくだものが安い輸入物と競争せざるを得ない状況に置かれている。過去100年で島の気温が1・5℃上昇したことで、熱帯性フルーツ、とりわけマンゴーが地元経済にとって栽培可能な選択肢になった(10)。

マンゴーは欧米で商業用に広く栽培されているわけではないが、フレーバーは人気を拡大している。物流システムの技術的な進歩によって、アフリカのブルキナファソ、コートジヴォワール、マリ、さらにアメリカ大陸のブラジル、

マンゴーを使ったフランスのコンフィズリー（砂糖菓子）。パリ。

ペルー、ドミニカ共和国、メキシコといったマンゴー生産国から、1年を通じてヨーロッパへの輸入がますます可能になりつつある。

地元の新鮮な季節の産物を重視する伝統的なフランスの高級料理《オートキュイジーヌ》にも、マンゴーの「エキゾチックな」フレーバーが取り入れられている。「パティスリー界のピカソ」と呼ばれる有名なフランス人パティシエ、ピエール・エルメは、マンゴーとパッションフルーツという人気の組み合わせのコンフィチュール［砂糖とくだものを煮詰めたもので、ジャムより果肉感がある］ほか、マンゴーのマカロンや、ココナッツクリームを合わせたマンゴータルトを創作している。２０１８年に世界最優秀パティシエの称号を獲得したセドリック・グロレは、マンゴーならマンゴーの形というように、見た目をフルーツそっくりに仕上げた《トロンプルイユ》デザート作りに着目している。パリの老舗ホテル、ル・ムーリスの創造力に富んだこのフランス人パティシエは、伝統的な

市場でマンゴーを手に取る女王エリザベス2世。英領ヴァージン諸島、1977年。

マンゴーラッシー。

フランスのデザートにも新しい風を吹き込んでいる。驚くほど美しい彼のルービックキューブ型のケーキには、チョコレート、唐辛子、マンゴーの真四角なケーキが並んでいる。

ヨーロッパにあるミシュランの星つきレストランでは、よく知られていながら異国情緒も漂わせるマンゴーのデザートがメニューの最後を飾っていることが多い。マンゴーをチョコレートと合わせることもある。アイルランドにある家族経営のチョコレート会社バトラーズが提供している商品のひとつは、ダークチョコレート、マンゴー、レモングラスが組み合わせてあり、舌を楽しませる。英国のチョコレートメーカーで、英国企業では唯一自社農場でカカオ豆を栽培しているホテルショコラは、ダークチョコレートを「まとった」マンゴーや、マンゴー、ホイップクリーム、ホワイトチョコレートで作る「マンゴースムージー」と呼ばれる菓子を販売している。

ホテルショコラはマンゴーとパッションフルーツのジンリキュールも作っている。ベルギーのビールメーカーが製造しているモンゴゾ・マンゴービールは、同社のウェブサイトによれば、持続可能な製造プロセスを用いている世界初のオーガニック、グルテンフリー、フェアトレードフルーツビールである。アイルランドのゴールウェイ蒸留所はマンゴーフレーバーのウォッカを販売している。曰く、「マンゴーの贈り物は友情の意思表示だと考えられている。友人とともに、氷を入れてこのウォッカのグラスを傾けよう」(11)。

キャップフリュイ、ラ・フルティエール、ボワロンなど、最高の品質で知られるマンゴーピューレメーカーのいくつかはフランスの会社だ。フランスのホテルでは、オレンジジュースと同じようにマンゴージュースがクロワッサンとともに朝食メニューに載っている。味がよく、香りが強烈なマンゴーのフルーツゼリー菓子《パト・ド・フリュイ》は、フランスの菓子職人が作っている。

スペイン産マンゴーは8月のマラガでしか手に入らないが、アフリカと南米産のマンゴーはほぼ1年中フランスやスペインの市場に並び、マンゴーソルトや香りづけされたドライマンゴーといった珍しい商品も販売されている。20年以上もマラガに居住している英国人でマンゴーも栽培しているピード夫妻、サリーとデニスが言うには、スペインの地中海沿岸地域の伝統的な食生活をマンゴーチャツネのような新しい味へと誘導するにはそれなりの努力が必要だそうだが、マンゴーの味は古くから伝わるスペインのチーズとよく合うらしい。マンゴー果樹農家のステファニー・ギユーとジュゼッペ・フォレンツェも同様に、シチリアの一般市民がマンゴー食品やフレーバーを試すことを躊躇しているように感じられると言うが、特定のテーマやカテゴリーに特化したバーでは新たなカクテルの選択肢として歓迎されているようだ。

マンゴーを食べたいというヴィクトリア女王の強い思いは満たされなかったかもしれないが、エリザベス2世は、彼女のシェフだったジョン・ヒギンズの言葉を借りれば「心からマンゴーを楽しみ、バッキンガム宮殿の冷蔵庫にマンゴーがいくつ入っているかをご存じだった」という(12)。マンゴーはその女王の母エリザベス王太后のお気に入りのフルーツのひとつでもあった。一方、ケンジントン宮殿のシェフ、ダレン・マグレディは回想録『王室の食事――宮殿のキッチンのレシピと思い出 *Eating Royally: Recipes and Remembrances from a Palace Kitchen*』で、ダイアナ妃にまつわるマンゴーの話を語っている。

ダイアナには気遣いだけでなく、ちゃめっ気たっぷりなユーモアセンスもあった。あるとき彼女は、自国のすばらしいマンゴーについて延々と語るサウジアラビアの王子の話に耳を傾けたあとで、自分もマンゴーが好きになったと告げた。1週間後、ダイアナはマンゴーが入った大きな箱を苦労しながらキッチンに運んできた。「ねえ、ダレン、信じられる? あの人ったら、わたしがマンゴーが好きだと言っただけで、木箱いっぱいに詰められたマンゴーを送ってきたのよ。次に会ったら、ダイヤモンドが大好きだと言わなくちゃ(13)」

王室のメンバーが受け取ったギフトを記したバッキンガム宮殿のリストからは、アンドリュー王子がマンゴー好きで知られていること、また、アン王女が、２０１３〜18年にパキスタンの大統領だったマムヌーン・フセインから１００個入りの箱を受け取ったことがわかる。(14)

大人気でどこにでもあるマンゴーのフルーツスムージーは、１９３０年代にワーリング社が発明したモダンな電気式のブレンダーが簡単に手に入るようになってから飲まれるようになったと思うだろうか。じつは、ブレンダーの発明より数千年前にはすでに、ヨーグルトとカルダモン、そしてしばしばマンゴーを入れたインドのラッシーが存在していた。今日のスムージーにヨーグルトが入っているとは限らないが、古民族植物学者はこの醱酵乳のドリンクが消化を助ける役目を果たしていたと結論づけている。最近のヨーロッパでは、マンゴーの選択肢がないスムージーショップを見つけるほうが難しい。

マンゴーは果実そのものがスムージーだと言えなくもない。「すするマンゴー」として知られるインドのダシェリやグアテマラのマンゴー・デ・レチェなど、いくつかの品種は手の上で転がすのにちょうどいい。ロンドンにあるレストラン、ザイカの総料理長だったヴィニート・バティアが教えてくれる。「マンゴーは女性の胸のようにやさしく揉むとジューシーになる。それから皮をめくって、皮と種から少しずつ果肉をすするのである(15)」。ヴィクトリア女王なら眉をひそめるかもしれない。

第5章 ◉ 毛沢東とマンゴーと東方

高級フルーツの贈呈は昔から世界中で重んじられているが、東方ではとりわけ重要視されている。マンゴーを贈る慣習はヒンドゥー教の初期の伝説にもあり、ムガル帝国の宮廷の伝統として、また、好奇心旺盛な英国君主によっても行われてきたが、記録に残るなかで最も名高いマンゴーの「おすそ分け」といえば、中国の毛沢東主席が実施した文化大革命時の事例だろう。実際、中国語にはいただきものを別の人に贈ることを意味する「転贈」という言葉があり、その行為により贈った側と受け取った側の地位関係が強化される(1)。

1968年、パキスタンの外相サイヤド・シャリフッディーン・ピールザーダが毛沢東への贈り物としてマンゴーひと箱を送った。インドやパキスタンの政治家たちがよく行う、外交的な友好の意思表示である。これといってマンゴーに関心がなかった毛沢東は、熱心な革命精神と忠誠を示した労働者や紅衛兵の学生たちへの褒美として、さまざまな工場へマンゴーを配った。当時の中国北部ではマンゴーはほぼ未知のくだものだったため、それらは「毛沢東主席の金色のマンゴー」として知られるようになった。マンゴーは保存され、労働者や学生への毛沢東の愛、ひいては毛沢東その人を象徴する宝物になった。当時の作者不明の詩にそれが表れている。

金色のマンゴーが目に入ると
偉大なる指導者毛主席にお会いしたかのようだった
金色のマンゴーの前に立つと
毛主席のおそばに立っているかのようだった
幾度となくマンゴーに触れると
金色のマンゴーはとても温かかった
幾度となくマンゴーの香りを嗅ぐと
金色のマンゴーはとても芳しかった(2)

金色のマンゴーは中国各地を巡回し、練り歩いて、神聖な行列を伴って披露された。それは多くの点で、排除すべき古い考え方を示すものとして当時禁じられていた、伝統的な仏教や道教の崇拝にそっくりだった。労働者はそこから発展した風変わりな儀式《カルト》について語っている。「マンゴーのひとつが腐り始めると、労働者が皮をむき、桶いっぱいのお湯で果肉をゆでた。そうしてマンゴーは『神聖』なものとなった。そこで、各人がさじ1杯ずつそれをすすった。マンゴーは祭壇に飾ら

我們伟大領袖毛主席永远和羣众心連心
在紀念毛主席《炮打司令部》大字报和《中国共产党中央委員会关于无产阶級文化大革命的决定》发表两周年的大喜日子里，偉大領袖毛主席亲自把外国朋友贈送的珍貴礼物——芒果，轉送給首都工农毛澤东思想宣傳队。毛主席說：“我們不要吃，要汪东兴同志送到清华大学給八个团的工农宣傳队的同志們”。
伟大領袖毛主席亲自贈送給首都工农毛澤东思想宣傳队的珍貴礼物——芒果

毛沢東のマンゴーの遺物、1968年ごろ。

れることもあり、工場労働者はそれに向かってお辞儀をした[3]」。ろう細工のレプリカが作られ、革命労働者たちに与えられた。

共産党の公式な宣伝部はマンゴー熱に便乗して、ベッドのシーツから、マンゴーの香りがする石鹸やたばこまで、マンゴーをテーマに、ありとあらゆるものを製造した。だが、この奇妙な熱狂が続いたのは18か月だけである。1974年にイメルダ・マルコスがフィリピンからマンゴー1ケースを持ってきたときには、毛沢東の妻で「マダム毛沢東」の異名を持つ江青が、『マンゴーの歌 *Song of the Mango*』という映画まで制作して前回のマンゴー崇拝の熱意を復活させようとしたが、不成功に終わった。そうこうする

中華風マンゴーデザート。フィラデルフィアのレストラン、マンゴー・マンゴー・デザートにて。

中華風かき氷のデザート。シンガポール。

うちに、マダム毛沢東は政府に対する武装反乱を企てた罪で逮捕され、結局、映画が配給されることはなかった。ろう細工のマンゴーは溶かされて、ろうそくになった。

マンゴー崇拝は一見すると不可解だが、中国の文化や言語に食べ物の比喩が多いことを考えると、じつはそれほど謎でもないとわかる。たとえば、桃は昔から西王母と結びつけられており、西王母の庭には長寿の桃の木が植えてあって、その木は数千年に一度しか実をつけず、その実は健康長寿の象徴だと言われている。マンゴーは、当時の中国のほとんどの場所で未知のくだものだったため、「古い考え」として禁じられてしまいそうな文化との結びつきがいっさい存在せず、いくらでも新たな意味を持たせることができた。黄金色は陰陽の陽、すなわち富、財産、幸福を象徴する。マンゴーの木は100年あるいは1000年に一度しか実をつけないとうわさされ、そんなマンゴーを毛沢東は自分では食べずに、寛大にも、忠実な支持者たちに「不死」を与えたとみなされた。マンゴーの土産物は、現

在でも中国の蚤の市で手に入れることができる。(4)

中国人の大多数は1960年代までマンゴーを知らなかったが、中国の僧侶玄奘は7世紀に中国からインドへと旅をして、マンゴーの果実と木に出会っている。マンゴーが密生する森は仏教徒の巡礼者を強い日差しから守る木陰を与えていると、彼は日誌に記している。中国最南部では、1000年以上も前からマンゴーの栽培が行われているが、気候条件が合う一部の場所に限られていた。マンゴーの商業栽培が始まったのは1960年代後半で、1980年代を通して収穫量が増加した。近年、巨大な国内市場を抱える中国は世界第2位のマンゴー生産国で、第1位のマンゴー消費国である。(5)

生産量が最も多いのは海南省で、広西チワン族自治区、広東省、雲南省、四川省、福建省がそれに続く。海南省のマンゴーシーズンは1~5月、広西チワン族自治区の百色市は6~9月、四川省攀枝花市は7~11月であるため、ほぼ1年中マンゴーが市場に供給されている。(6)

2017年には広西チワン族自治区の百色市で国際マンゴーシンポジウムが開催され、同市は「中国のマンゴーの故郷」と呼ばれるようになった。(7) この地方では、細長く、ややS字型で、緑色の皮と淡い黄色の果肉を持つ桂七芒果《グイチーマンゴー》が栽培されている。桂七芒果は果肉に繊維質が少なく、輸送にも適している。中国政府はこの地域における貧困対策の試験的な取り組みとして、マンゴーの栽培を促進し、地元農家の教育や資金援助を行っている。百色市では2018年に初のマンゴーフェスティバルが開かれ、マンゴーのさまざまな品種や、ワインなどのマンゴー製品が宣伝された。田東

フィラデルフィア中華街の屋台に並んだ中国のマンゴースナック。

県には、「ビッグマンゴー」としてよく知られる、マンゴーのような形をした巨大なスポーツ複合施設があり、人気を博しているこの新しい作物に対する生産者の誇りが感じられる(8)。

中国の一部地域の農家は、鳥や虫の害からマンゴーを保護するために、樹上で熟し始めた実に袋をかぶせる。1年単位でマンゴーのオーナー制度を設けている農家もある。契約者は金を払って特定の1本の木に実るマンゴーを全部受け取り、金は寄付金として慈善事業に送られる。また、大学合格祈願といった願いごとを木々に刻みつけることもできる。

中国本土と華僑の市場にはマンゴーフレーバーの菓子、なかでも、もち菓子がたくさんある。許留山は1960年代に香港で創業したデザートショップで、1992年から生のマンゴーを使ったスイーツを販売しているが、現在はアメリカにも店舗がある。ニューヨークのチャイナタウンに1号店を開いたマンゴー・マンゴー・デザートは香港スタイルのデザートショップで、世界各地に30以上の店舗を構えており、生のマンゴー、飲むデザート、スープ、ケーキ、ティー、クレープ、ワッフルをとりそろえている。

マンゴーは宇宙でも育つのか？　中国の科学者は、2017年の宇宙栽培実験は飛躍的な前進だったと主張している。中国の宇宙船神舟11号に乗り、33日のあいだ過酷な環境にさらされながらも生還したマンゴーの胚が成長し、研究者のもとで新たな細胞組織が生成された。このような方法で育てられたマンゴーは遺伝的に優れており、虫がつきにくく、品質もよくなるのではないかと期待が持たれている(9)。

◉台湾

マンゴーは台湾で人気のフルーツのひとつだが、もとから自生していたのではなく、17世紀にオランダ人が持ち込んだものである。台湾農業試験所が1954年にアメリカから商品価値の高い品種を輸入して以来、台湾の農家はハイブリッド種の開発で成功を収めてきた。原生の品種は土芒果《トウマンゴー》として知られているが、小粒で酸っぱく、繊維質が多いため、塩漬けや砂糖漬けにされたり、菓子に加工されたりする。(10) 台湾の気候では半年ほどマンゴーを収穫できる。土芒果はその甘酸っぱさが恋を連想させるため「情人果（恋人たちのフルーツ）」と呼ばれることもある。(11)

台湾マンゴー界のヒーローは「アップルマンゴーの父」鄭罕池だ。彼は1961年にフロリダ産のアップル（別名アーウィン）マンゴーの栽培に挑戦して成功を収めると、近隣農家を説得して同じものを栽培させ、実質的にその地域の貧困問題を改善した人物である。1977年、鄭は台湾の最優秀農家10人のひとりに挙げられ、彼の偉業は息子や孫たちが世話をする果樹園で受け継がれている。(12)

台湾マンゴーの新顔は夏雪芒果《シャーシュエマンゴー》で「夏の雪ほどに珍しい」ことからその名がついた。土芒果の強い香りを持ちながら、ほかのどの品種よりも甘いと言われている。農家ではまた、ホワイトマンゴーや、独特な香りがある黒香芒果《ヘイシャンマンゴー》の試験的栽培も行われている。(13)

1999年から毎年開催されている台南国際マンゴーフェスティバル、別名玉井マンゴーフェ

飾りのハーブが栽培されている棚田の形をした台湾のマンゴーデザート。台北のレストラン好嶼HOSU。

スティバルでは、国内外市場向けにマンゴーとその食品が宣伝販売される。地元素材にこだわっている台北のレストラン好嶼HOSUは、マンゴーを独創的に用いて、台湾の田舎の水田を思わせるようなデザートを提供している。

◉韓国

韓国は長年にわたって近隣のフィリピンからカラバオマンゴーを輸入していたが、2008年からは南部のチェジュ島で、マンゴーを含む高価な亜熱帯性や熱帯性の作物の栽培を始めた。それが可能になったのは過去5年のあいだに地球温暖化により気温が1・5℃と大幅に上昇したためだ。そうした新しい代替作物の栽培農家を支援するため、韓国政府は新たに気候変動にかかわる農業研究センターを立ち上げている(14)。

韓国南部のキョンナムにある狭い地域もまた、冬の冷たい大陸性高気圧の影響を受けにくく、高品質のマンゴー生産に適している。キョンナムのアップルマンゴーは2021年に、「農村振興庁が主催する地域農業促進プロジェクトの国内集中育成」対象となる36の地域特産作物のひとつに選ばれた。[15] 新たに国産マンゴーが手に入るようになったことで、韓国料理に目先の変わったマンゴーの利用方法が生まれつつある。マンゴーキムチのレシピはもちろん、焼き肉で肉を柔らかくするため、漬け込むたれに入れる洋梨の代わりにもマンゴーが使える。アーウィンマンゴーの別名であるアップルマンゴーは、鮮やかな赤色、丸い形、甘い風味からそう呼ばれているが、アップルマンゴー・ソジュという透明な蒸留酒はこのマンゴーで作られている。

ほかのアジアの国々と同じく韓国でも、マンゴーはデザートのフレーバーとして人気がある。「スプリング・オブ・ピープル」と名づけられたあるデザートは、地球を思わせる丸いチョコレートに包まれたマンゴームースの上に、食用花とホワイトチョコレートで作られた韓国の地図があしらわれていた。だが、それが外交問題に発展した。2018年の春、韓国代表団はこれを歴史に残る金正恩との南北首脳会談晩餐会のデザートに選んだのだが、そこで使われた韓国の地図に、朝鮮半島の東岸沖にある小さな点として、韓国と日本の双方が領有権を主張している竹島（独島）が描かれていたのである。日本の外務省はそのデザートについて正式に抗議したが、デザートはそのまま出されたようである。

マンゴーは韓国のKポップカルチャーにも登場している。韓国の歌手ヒョミン、本名パク・ソニヨンは2018年のヒットソング「MANGO」でそのくだものを言葉遊びに使い、フルーツのマンゴーと、ボーイフレンドに放つ「マン・ゴー」（消え失せろ）というセリフをかけ合わせている。ミュージックビデオではその甘美なフルーツの鮮やかな色や柔らかい果肉が強調されている。Kポップグループのsuper junior は驚くことに、多くのファンの活動期間より長い17年間（執筆時点）も活動を続けているが、彼らも「MANGO」というタイトルの典型的なポップスの楽曲をリリースしている。そのサビ部分では、マンゴーの甘さが繰り返し強調され、ミュージックビデオにはたくさんのマンゴー色とマンゴーのキーホルダーが登場する。

◉日本

日本人の心には「お土産」と呼ばれる贈り物の伝統が深く根づいている。それらは、商談で相手に敬意を示すため、特別な行事、旅先から戻ってきたとき、あるいは自分の好きなアーティストが興行でやってきたときのような大切な社交イベントで、相手に渡される。2016年、アメリカのポップスター、レディー・ガガが来日したとき、日本のファンはツアーを行うこの超スーパースターに最適な贈り物は何かと考えた結果、見事なマンゴーを2個プレゼントした。「このマンゴーは天にも昇るおいしさ」だと彼女はツイートしている。

マンゴーが初めて日本にもたらされたのは明治時代（1868〜1912）だが、本格的な栽

宮崎県産「太陽のタマゴ」。

培は１９７０年代にスタートした。気候が温暖で日照時間が長い宮崎県でアーウィン変種の栽培が始まったのは１９８５年になってからである。[16] 国内のほとんどの地域がマンゴー栽培に向いていないにもかかわらず、日本は太陽のタマゴと呼ばれる宮崎県産のマンゴーで、世界で最も高価なマンゴーの記録を保持している。九州南部の宮崎県で栽培されるマンゴーのうち、最高等級に分類されるのはわずか15パーセントだけだ。深い紫がかった鮮やかな赤色、完璧な形、そして繊維質がないそうしたマンゴーは、糖分の含有率が15パーセント以上、重さは３５０グラム以上でなければならない。樹上で熟し、自然に落下するマンゴーは香りがよく、糖度も高い。マンゴーが木から自然落下しても地面に当たらないように、手間をかけて保護ネットが張られる。温室の温度は慎重に20℃に保たれている。[17]

マンゴー寿司。

2022年春、毎年開かれる宮崎中央卸売市場の競りで、そのような宮崎マンゴーが2個で50万円の値をつけた。まさに前年の競りの2倍以上、史上最高の値段だった。毎年期待が集まるこのマンゴーの競りは、マンゴーの価格を決めるというよりむしろ、生産者の骨折りに対するご祝儀の意味合いが強い。買い手は多くの場合、この高級フルーツを宣伝広告に使う企業や百貨店である。

日本人は寿司にマンゴーを使うだろうか？ 伝統にはそぐわないが、今や寿司はほぼ世界中で食されており、各国のシェフたちが独創的かつ実験的にさまざまなものをネタに使うようになってきている。マンゴーは見た目も風味も魅力的だ。近ごろは、マンゴーを用いた「デザート寿司」レシピも存在する。

第6章◉砂糖のような甘さから強烈な酸味まで
——フィリピン、東南アジア、オーストラリア、南太平洋

ローマ教皇のお食事には何を？　ジェシー・シンシオコは、2015年に教皇フランシスコがフィリピンを訪問したときに彼の食事を任された幸運なシェフである。教皇が発ったあと、3店舗あるシェフ・ジェシーのレストランには、教皇聖下が訪問時に食べたものを味わいたいと人々が訪れるようになった。そこで、聖なるシェフという愛称で呼ばれるようになったシェフ・ジェシーは、自分のレストランで教皇フランシスコのお気に入りメニューを提供することにした。そのなかには、かの有名なデザート、マンゴーフランベもある。特別な「教皇のお食事」の売り上げはすべて、マニラ大聖堂の近くにあり、教皇が訪問時に立ち寄った孤児院トゥライ・ン・カバタアンに寄付された。3年後、シェフ・ジェシーはヴァティカンへ出向き、かごいっぱいの甘いフィリピンマンゴー

を教皇に贈呈した。

マンゴーはフィリピンの国果だ。国内には700万本を超えるマンゴーの木があり、おもに小作農が育てている。米、トウモロコシ、ココナッツ、サトウキビといったフィリピンで栽培されているほかの作物と比較すると、マンゴーは高額な作物で、今日の同国の経済に欠かせない存在である。フィリピンマンゴーとも呼ばれるカラバオマンゴーはとりわけ甘く、1995年のギネス世界記録に最も甘いマンゴーとして記載されている。

フィリピンのフードライター、ドリーン・ガンボア・フェルナンデスは、著書『ティキム――フィリピンの食と文化論 *Tikim: Essays on Philippine Food and Culture*』にある「マンゴーと5月」と題されたエッセイに、以下のように記している。

多くのフィリピン人にとって、マンゴーの思い出といえばやはり、果実が熟してよい香りを放つ5月が頭に浮かぶだろう（中略）それは、農場や食卓で両手を使って丸ごとマンゴーの皮をむき（中略）あごや服に果汁をしたたらせた記憶。あるいは、子どものころ、冷蔵庫ではなく川の水でマンゴーを冷やし、冷えるまで川で泳いだ記憶。じつは見て見ぬふりをしていた親戚や近所からくすねてきたマンゴーの甘さ。商品としてではなく、時代や季節や思い出の証しとしてのマンゴーだ。(1)

マンガハン・フェスティバル、フィリピンのギマラス島。

かつて、フィリピンを含むアジアのスペイン領、ヌエバ・エスパーニャ（メキシコ）副王領、そしてそれ以外の新世界の植民地とのあいだの貿易は、マニラ・ガレオン貿易として知られていた(2)。1565～1815年にこの貿易を通じてメキシコに持ち込まれたアタウルフォとマノリトマンゴーの栽培品種は「マニラマンゴー」と呼ばれることもある(3)。

フィリピンの西ビサヤ地方にある小さなギマラス島では、世界一甘いマンゴーがいくつか栽培されている。州都ホルダンには1972年に設立されたシトー修道会のフィリピン聖母トラピスト修道院がある。スペイン人はフィリピンにカトリックの信仰だけでなく、スペイン料理の影響ももたらした。シトー修道会では昔から、みずから汗を流して作物を育て生活費を稼ぐ。修道士たちは宿泊所を営み、地元産マンゴーを利用してジャム、バルキージョ（サクッとしたビスケットロール）、ビスコッチョ（バターと砂糖をのせて焼いたパン）などの甘い食べ物を作っている。ギマラス島は病害虫から作物を保護する特別隔離区域に指定されているため、島にマンゴーやその種子を持ち込むことは法律で厳しく禁じられている。

フィリピン人はお祭り好きである。そしてマンゴーの季節はまさしく祝うに値する。ギマラス島でひと月も続くマンガハン・フェスティバルは1993年の初回から毎年5月に開催されており、マンゴーをテーマにしたコスチュームで人々が踊り歩く、見応えのあるパレードが披露される。同じく有名な祭りに、サンバレスで開かれるディナムラグ・マンゴーフェスティバルがあり、このふたつの地域が世界一甘いマンゴーの名を競っている。料理本作家のエイミー・ベサとロミー・ドロタンは共著『フィリピンのキッチンの記憶 *Memories of Philippine Kitchens*』で「もちろんビサヤの人々はギマラスのマンゴーが世界一だと言うだろうが、ルソン島では、甘くてジューシーな果肉を持つサンバレスマンゴーこそが世界一とされる」と述べている。(4) ふたりの本にあるマンゴータルトは、料理やライフスタイルを紹介する1997年のアメリカのテレビ番組『マーサ・スチュワート・リヴィング』でも取り上げられた。

マンゴージュースも広く人気がある。マンゴーはまた、地元で作られるアイスクリームのフレーバーとしても好まれている。ドライマンゴーはフィリピン国内で消費されるだけでなく、重要な輸出食品でもある。

カラバオやサンバレスのマンゴーの甘さとは対照的に、フィリピン人はマンガン・ヒラウ（緑色

ドライグリーンマンゴー。

の未熟マンゴー）を岩塩やバゴーンと呼ばれる魚のペーストと一緒に生で食べるのも好きだ。シニガンは独特な風味を持つタマリンドを入れて作る酸っぱいスープだが、マンゴーのシーズンにはフィリピン人の家庭の味とも言えるこの料理に緑のマンゴーが用いられる。フードライターのドリーン・フェルナンデスは、ペルーの代表料理である生魚のマリネ、セビーチェによく似た、キニラウというフィリピン料理がお気に入りだ。キニラウは「生で食べる」という意味で、酸味をつけるために生の未熟マンゴーがよく使われる。

フィリピン農業省の刊行物であるフィリピンマンゴー産業ロードマップの２０１８年版には、近年になってマンゴー産業を脅かしているいくつかの問題点がまとめられている。タイやオーストラリアなどの近隣国が利益の上がるマンゴー市場に参入したことで、フィリピンも競争に巻き込まれるようになった。ロードマップではそれに対し、実をつけないマンゴーの木の

回復事業への投資、収穫後の出荷システムの改善、最新かつ最適な技術の採用などの目標が示されている。(5)

◉東南アジアのマンゴー

東南アジアでは数千年も前からマンゴーが栽培されてきた。おそらく紀元前4世紀ごろにはすでに、仏教の巡礼者によって広まっていたと思われる。地理的に近いベトナム、タイ、カンボジア、ミャンマー、マレーシア、ラオスでは、どこの料理にもマンゴーが欠かせない。各国に独自の料理があるとはいえ、国ごとに呼び名は違っても、多くの国で同じような材料と作り方が用いられている。

ニューヨークの愛称である「ビッグアップル」の先例にならって、タイの観光局は1990年代にバンコクのニックネームとして「ビッグマンゴー」を考案した。2019年にはタイ政府の各機関が連携して、マンゴーを添えたもち米のデザート、カオニャオ・マムアン5トン分を1万人の中国人観光客に振る舞い、このデザートを一度に提供した最大量でギネス世界記録に挑戦した。この催しはより多くの中国人観光客を誘致する観光の取り組み「ウィー・ケア・アバウト・ユー(おもてなし)」の一環で行われたものである。

タイのラッパー、ダヌファァ・「ミリ」・カナティーラクルは、米カリフォルニアで開催された

コーチェラの野外音楽フェスティバルでカオニャオ・マムアンを食べるタイのラッパー、ミリ。2022年。

2022年のコーチェラ・バレー・ミュージック・アンド・アーツ・フェスティバルで、カオニャオ・マムアンをたたえる歌を披露した。SNSなどで瞬く間に拡散されたそのパフォーマンスの途中、ミリはステージ上でカオニャオ・マムアンを食べている。この型破りなアイデアは、レコード会社がタイを象徴する楽曲を作ってほしいとそのラッパーに頼んだところから始まった。彼女は自分の大好きなデザートを歌の題材に選んだのだという。「もち米はべたべたくっついて、いつも仲がいいわたしと家族の絆の象徴でもあるの(6)」

ミリに注目が集まったことで、タイのカオニャオ・マムアンへの関心が一気に高まり、それを機に、タイ文化振興局はそのマンゴーデザートをユネスコ無形文化遺産に登録する準備を始めた。もしかすると、西洋人の多くが甘いデザートとしてのマンゴーに出会ったのは、タイ料理を通してだったと言えるのかもしれない。タイ料理はひとつひとつの料理、あるいは食事全体のなかで、辛味、酸味、甘味、塩味という4つの基本的な風味のバランスが取れていることでよく知られている。カオニャオ・マムアンは、ほぼすべてのタイ料理レストランのメニューに載っている。

タイ政府は同国を世界の主要な食料輸出国にするという目標を掲げ、野心的なスローガン「タイ――世界の台所」のもとに品質基準と技術をアピールしている。人気のカオニャオ・マムアンもその主役のひとつだ。タイ料理店のシェフ、チュタティップ・「ノク」・スンタラノンは、2020年にアメリカ料理界のアカデミー賞とも言われるジェイムズ・ビアード財団賞にノミネートされ、フィラデルフィアにある彼女のレストラン「カラヤ」は2021年に『エスクァイア』誌でベスト・ニュー・レストランの称号を得た。シェフのノクも伝統的なそのマンゴーデザートをメニューに組み込んでいる。

2022年5月、タイの現代アートとマンゴーの両方を世界の舞台へ羽ばたかせようと、バンコクのリバーシティ界隈でマンゴーアートフェスティバルが開催された。このイベントは「アート、デザイン、パフォーマンスを組み合わせたアジア初で唯一のアートフェスティバルであり、その目標は、タイのクリエイティブ経済を発展させ、この国の実力を世界に示すことである」と宣伝された[7]。ほかに、マンゴークイーンが選ばれるチェンマイや、バンコクの真東に位置するチャチューンサオ県でも、毎年マンゴーフェスティバルが開かれている。動物のサイを意味するラドパトマンゴ

ベトナムのグリーンマンゴーピクルス。

ーは、タイでマンゴーが最もよく育つと考えられているチャチューンサオで栽培されており、その名はこのマンゴーの先が小さなツノのようにとがっていることに由来する。ナムドクマイは広く好まれている繊維質の少ないタイのマンゴー品種で、１９７３年にフロリダにも導入された。名前の意味は「花のしずく」あるいは「花の蜜」である。

マンゴーは昔からベトナム南部で栽培されており、高級品種はドンタップ省で作られている。ベトナム産マンゴーはほぼすべてが国内で消費される。マンゴーの一般的な食べ方は地方によって異なるが、グリーンマンゴーサラダはベトナム人ならだれでも食べるひと品で、国中のレストランメニューに見つけることができる。一般にゴイソアイと呼ばれるそのサラダは、未熟なマンゴーを魚醬あるいは干しエビなどと一緒に食べる。ベトナムではまだ熟していないマンゴーを生食するほか、チャツネやピクルスにも利用する。マンゴーの葉はほうれん草のように野菜として調理され、米の香りづけに用いられる。

ラオスでは、未熟なマンゴーをジャオマクムアンと呼ばれるディップソースにつけて食べることが多い。ラオスの人々は、スパイシーで甘みのあるディップソースで酸っぱい未熟なマンゴーを食べたがる女性は妊娠している、と冗談めかす[8]。ラオスでは、マンゴーを無駄なく保存するために、マンゴーピューレを天日干しにして乾燥させる。

カンボジアでは、熟す前のマンゴーが、ソムロームチューと呼ばれるクメール料理の酸っぱいスープで酸味の香辛料として使われるほか、マンゴーの若葉は野菜として、トゥッククルン（野菜につけるディップソース）やプラホック（魚のペースト）と合わせて日々の食卓に上る[9]。マンゴーをピクルスや副菜に用いることが多いカンボジアでは、未熟なマンゴーを小エビ、豚肉、鶏肉、魚の干物などと混ぜ合わせてマンゴーサラダを作る。人気の軽食は、塩、チリ、または醬油味のグリーンマンゴーだ。２０２１年、カンボジアは、農業分野における中国との二国間協力関係が深まったことを受けて、生のマンゴーを直接中国に輸出し始めた[10]。両国が植物検疫の要件に関する協定に署名し、出荷が可能になったためである。

マレーシアで最も小さいペルリス州は、同国の最高級マンゴーであるハルマニスマンゴーでよく

カンボジア、プノンペンの市場のマンゴー。2019年。

知られる。一方、マラッカ州にはマラッカディライトという名の品種があり、甘くて黄色い果肉が特徴である。マラッカディライトはジュースにしてもよい。新たな活用法として、そのマンゴーをピクルス、ハルヴァ（砂糖シロップ漬けのフルーツ）、ロジャック（スパイシーなフルーツサラダ）にして売り出している企業もある。カンプン・ゲラムとその周辺地域はかつて耕作が放棄された水田だったが、現在は州の主要なマラッカディライト栽培地へと姿を変えている。2000年以来、およそ100人ほどの村人の手で3万本の木が育てられ、その実と副産物を中東へ輸出する計画が持ち上がっている。[11]

◉オーストラリアのマンゴー

オーストラリアのマンゴーには、南アジアや東南アジアに見られるような宗教や文化との深い結びつきはない。ワイルドマンゴーともグリーンプラムとも呼ばれるオーストラリアの小さな原生マンゴー（学名 *Buchanania obovata*）は、マンギフェラ属ではないが同じウルシ科である。このワイルドマンゴーは昔からオーストラリアの先住民アボリジニの食料源で、今でも食されている。[12] ブッシュフード［アボリジニの伝統食である動植物］を研究しているクイーンズランド大学の専門家たちは、ノーザンテリトリーの先住民と協力して、この栄養価の高い果実を商業利用する可能性を模索している。[13]

各地の英国植民地に設立された植物園には、故郷を懐かしむ入植者に週末の散歩場所を提供する以外にも、より重要で実用的な役目があった[14]。植民地経済では、植民地が母国の生産品の新たな市場になるだけでなく、植民地から母国に供給できそうな資源を探すことにも重きが置かれる。1700年代に新世界で食用可能な植物が発見され、エキゾチックなフルーツの流行が起きてからというもの、世界各地に新設された植物園で働く園芸家たちは、どのような新しい商品作物がどのような新しい場所で栽培可能であるかを見きわめる仕事を担うようになった。

記録によれば、1823年にマンゴーの木をシドニーの植物園に譲渡したのはカリー英海軍大佐であるらしい。また、1840年代には、クイーンズランド州ワイドベイの土地管理官だったJ・C・ビッドウェルが、インドの英植民地に要請してマンゴーの苗を送らせ、将来性が見込めるその植物の果樹園を設けた。苗木が無事に届いたのはなんと言っても、その少し前に、長旅のあいだも苗を枯らさずに運べるウォードの箱が発明されていたおかげだった[15]。

1862年、にわかに活気づいていた植民地クイーンズランドに、経済と観賞の両方に利用できるエキゾチックな植物の輸入、試験、導入をおもな目的とするクイーンズランド順化協会が設立された。現在、オーストラリアのマンゴー生産の52パーセントを占めているケンジントンプライドマンゴーが最初に栽培されたのは1880年代後半で、ケンジントンという名の果樹園である[16]。ハニーゴールドマンゴーはケンジントンプライドから生まれた品種で、1991年にクイーンズランドで、品種はわからないが異なるマンゴーとかけ合わされたものである。交配がとてもうまくいったため、ピニャータ・ファームズがこの植物の育成権利を買い取った。家族経営の同社は、つやのある黄色にオレンジが入った皮、独特なこうばしい香りのあるこの品種の栽培量を大きく増やしている。ピニャータ・ファームズには30人もの熟練栽培者がおり、マーケティングのスローガン「大丈夫、わたしたちが育てました」で、最新の手法や技術を利用して栽培していることを購入者にアピールしている。手法のひとつは夜間の収穫だ。そのほうが気温が低く、労働者とマンゴーの両方に利点がある。木に実っているマンゴーを照らす新しい機械が開発され、収穫者はマンゴーを見つけやすくなった。とはいえ、明かりに集まってくるコウモリや虫を撃退する方法も考え出さなければならなかったようである。(17)

シドニーを象徴するボンダイ・ビーチでは、毎年多くの人が集まるマンゴーフェスティバルが開かれる。これは事実上オーストラリアの夏の幕開けで、マンゴー食い競争やマンゴー食品の販売もある。フェスティバルのようすを表してメスティバル［メスはぐちゃぐちゃに散らかすの意］と呼ばれるこのイベントでは、果汁たっぷりのマンゴーを食べるときのべたべたの触感を楽しむ。

◉南太平洋のマンゴー

マニラ・ガレオン貿易の一部としてフィリピンから持ち出されたマンゴーの苗は、ジョン・ミーク大佐の手でハワイに届けられた。苗木は、ホノルルに農園を持っていたスペイン人園芸家フラン

ハワイのマンゴー食品。

シスコ・デ・パウラ・マリンと、マウイ島を拠点にしていた宣教師とのあいだで分けられた。マリンは1793年、20歳のときにハワイに移り、その地に永住した人物だ。徐々に広大な土地を所有するようになった彼はそこで、マンゴーはもちろん、ぶどう、オレンジ、パイナップルなど多くの果実の栽培を始めた。ハワイ語を含む多言語を操った彼は、カメハメハ王の信頼を得て王の助言者となり、いくつもの土地を授かったのである。マリンのニックネームであるマニニは、先住民の方言で「けち」を意味する。輸入した植物の種を他者と分け合おうとしないことで知られていた彼にはぴったりのあだ名だったと言われている。

1899年、S・W・デーモンが、インドの品種の接ぎ木をいくつかハワイに導入した。1903年には、農産物の商業開発を支援するための農業研究を行うべく、ハワイ農業試験場が設立された。多数のマンゴー品種の適応性と品質を調べることも研究の一部だった(18)。

ハワイで人気のマンゴー食品といえばリーヒンマンゴーで、

いわゆる駄菓子屋のような「クラックシード・ストア」でウェットとドライの両方が販売されている。また、そうした店によくあるリーヒンムイは、はるばる中国の中山市から移民とともにハワイにやってきた菓子で、漢字にすると旅行梅だ。現在「クラックシード」という言葉はあらゆる種類の保存加工されたくだものに用いられるが、もとは塩と香辛料で加工された梅の実を指した。乾燥させた梅の実がぱっくり割れて（クラック）、甘い調味料に漬けられていることからそう呼ばれるようになったようである。[19] 評判のよいハワイのマンゴーピクルスにはしばしばこのリーヒンムイが使われるため、独特な香りとピンク色をしている。一方、ミスター・マンゴー・クラックという名の大麻品種の種子を販売している店は、次のような魅惑的な文言で誘っている。「この大麻の味を舌に感じさせるテルペンの混合物は最高級で、土の匂い、甘ったるさ、柑橘系とスイートマンゴーの香り、そして刺激の強いマリファナの要素がみごとに組み合わされている。心身を爽快にすると同時にエネルギッシュなそれは、幸福感を高め、是非とも分かち合いたいと思うような心地よさをもたらす」[20]「世界には嗜好目的での大麻の使用が合法の国もあり、この種子は合法の国に向けて販売されている」

名高い観光地で観光消費に依存しているハワイは、マンゴー・アット・ザ・モアナからマンゴー・ジャム・ホノルルまで、ハワイ諸島各地でたくさんの祭りが開かれるという点で、マンゴーフェスティバル最多賞を取れるかもしれない。ハワイをはじめとする南太平洋各地では多くの品種が栽培されており、それぞれが異なる時期に熟すため、マンゴーは1年を通じて手に入れることができる。

第7章◉マンゴーと比喩と意味

マンゴーはその果実が持つ特徴から、世界各地の生育地域で広く比喩に用いられてきた。鮮やかな色合い、強い香り、甘い味、そして、果汁がしたたる官能的な食感は、美術、音楽、文学にとって願ってもない題材となる。マンゴーが手に入る時期には、花と実がもたらす季節感が作品にあふれ、手に入らない時期には期待と願望が表現される。南アジアの宗教ではしばしばマンゴーがたとえ話に用いられている。ヒンドゥー教、仏教、ジャイナ教の教えを伝える物語には、マンゴーの実と木が登場することが多い。

◉マンゴーとヒンドゥー教、仏教、ジャイナ教

ヒンドゥー教の有名な伝説に、喉から手が出るほど欲しい黄金のマンゴーをめぐるジレンマについての話がある。あるとき、黄金のマンゴーひとつだけを手土産に、賢者ナラダが訪ねてきた。だ

が、家にはふたりの子どもがいる。複数の子どもを持つ親ならだれでもそうした問題に直面したことがあるだろう。その家庭の親、ヒンドゥー教の神シヴァと美しい妻、女神パールヴァティーは、ふたりの息子、ガネーシャとカルティケーヤを競わせて、そのすばらしいマンゴーをどちらに与えるかを決めることにした。

勝負は、先に世界を3周したほうが勝ちである。象の頭を持つぽっちゃりしたガネーシャは知恵を働かせ、愛嬌を振りまいた。ハンサムでたくましいカルティケーヤは実際に走って世界をめぐろうと飛び出したが、ガネーシャは大好きな両親こそが自分の世界だと述べて、両親の周囲をぐるりと回って歩いたのである。黄金のマンゴーはガネーシャに与えられた。見てすぐわかる意味——親の機嫌をとればいいことがある——とは別に、この物語にはもうひとつ奥深いメッセージがある。それは、広い世界を旅することで知識を得る人もいれば、ひとところにとどまって周囲の世界を注意深く観察する人もいるということだ。ヒンドゥー教のマンゴーはだれもが欲しがる知識を授ける果実という点で、キリスト教で言うところのリンゴに似ている。

困難や障害を取り払う神ガネーシャは、新たな旅や挑戦を成功へと導くヒンドゥー教の神として崇められており、実をつけたマンゴーの木の下で踊る姿で描かれることが多い。ヒンドゥー教の伝統では、マンゴーは繁栄と幸運の象徴だ。インドのヒンドゥー教の結婚式では、式が滞りなく進み、結婚生活がうまくいくようにと、式の前にガネーシャに祈願する。驚くことではないが、披露宴の食事にはしばしばマンゴー料理が登場する。マンゴーピューレとカルダモンで作るアームラや、マンゴーダル［マンゴーとレンズ豆のカレー］」、また生マンゴーを使った甘酸っぱい飲み物のマンゴーパンハが振る舞われることが多い。

神シヴァと女神パールヴァティーはマンゴーの木の下で結婚したと考えられているため、結婚式場の装飾にはよくマンゴーの葉が使われる。つるやつたが絡まったマンゴーの木の姿は夫婦円満の象徴だ。

『モンゴー・マンゴー料理の本 *Mongo Mango Cookbook*』には、インドの一部地方における結婚式の複雑な儀式や地域の慣習についての説明がある。(1) たとえばベンガルの結婚式では、マンゴーの葉を詰めた銅製の鍋が、結婚式場入り口の両脇に配置された小さなバナナの木の下に置かれる。南インドの花嫁が身につける伝統的な金のネックレスはマンゴー・マラと呼ばれ、たくさんの子宝に恵まれることを祈って、マンゴーの形をした多くの石で飾られている。

かつてインドの一部で行われていた古い伝統では、新郎がマンゴーの木と「結婚」して、通常の結婚式とまったく同じ儀式に臨んだ。ウル・バプラともアンバ・ビハとも呼ばれるその「マンゴーウェディング」は、実際の人間の結婚式の前に実施されることもあったようだ。(2) 儀式は新郎新婦に多産の力を授けると同時に、人間の生活を支える自然の力に敬意を払うためのものだと考えられている。見合い結婚をするかどうかを決めるときには、相手の所有地にマンゴーの木があるだけで幸先がよいとみなされる。ベンガルの民族の伝統では、結婚式の前に新郎が必ずマンゴーの柔らかい葉をかむ。マンゴーは男らしさの象徴だからだ。

ヒンドゥー教の神ガネーシャの像。
バルフィが供えてある。

インドでは娘が嫁ぐときの持参金が家族にとって大きな負担になるとして、生まれた子どもが女の子だと殺してしまうことがある。北部のビハール州にあるいくつかの村では、その負担を和らげるために、女児が誕生したときに10本のマンゴーの苗を植えるよう助言される。マンゴーの実を売れば金になり、女児の持参金と結婚費用の足しになるからだ。『マンゴー・ガールズ *Mango Girls*』と題されたドキュメンタリー映画の監督クナル・シャーマによれば、木はその子の守護神になると考えられている(3)。映画に登場するダーハラの村人はこう語っている。「わたしたちは女の子を、ヒンドゥー教の富の女神ラクシュミーの生まれ変わりだと考えています(4)」

ガネーシャは大の甘党で「モーダカ好き」を意味するモーダクプリヤの名で知られてい

る。モーダカは、ガネーシャ・チャトゥルティと呼ばれる10日間の祭りで大量に消費されるまんじゅう型のスイーツだ。特別な祈りの儀式プージャをガネーシャに捧げるときは、最後にプラサーダム（神のための特別な料理）として101個のモーダカが奉納されることがあり、祈りのあとで参加者に振る舞われる。ボール型のスイーツ、ラドゥーや、濃厚なファッジ［柔らかくて甘いキャンディー］のようなバルフィといった広く食されているほかのたくさんの菓子と同じく、モーダカはマンゴー風味にすることもできる。

インドの重要な祝祭日アクシャヤ・トリティヤに行われる祭りはマンゴーの収穫時期と重なるため、ガネーシャに数千個のマンゴーが奉納される。黄金色をしたその果実は神に捧げられたのち、信者に配られる。このめでたい日は、新しいものごとを始める、結婚する、あるいは故人を追悼するにあたって縁起のよい日だと考えられている。

ヒンドゥー教の信仰において最も重要な物語といえば『ラーマーヤナ』と『マハーバーラタ』だが、どちらの作品でも、たびたびマンゴーの果実と木が取り上げられている。いくつかの話では、『ラーマーヤナ』に出てくる勇敢なサルの戦士ハヌマンが、ランカ（スリランカ）からインドへマンゴーの木をもたらしたことになっている。『ラーマーヤナ』には、世界維持の神ヴィシュヌが姿形を変え、化身《アヴァターラ》となって繰り返し登場するが、あるときヴィシュヌは、主人公ラーマとその妻シーターが追放されていたダンダカの森に小さなマンゴーの木となって現れる。ヴィシュヌ神が植物の姿になったのはこのときだけだが、そこからは、人や動物と同じように、植物も宇宙の重要な一部分

インドの伝統的な結婚披露宴の料理、アームラ。

とみなすヒンドゥー教の考え方がよくわかる。

マンゴーはインドの国果で、バングラデシュの国樹だ。一般に樹木はヒンドゥー教とかかわりが深く、聖なるものとみなされている。古代の聖典では、マンゴーの木はカルパヴリクシャ、すなわち「願いをかなえる」木である。マンゴーの木を植えることは信仰に基づいた行動であり、そこには、あたかも娘を育てるように、マンゴーの木や森の手入れをきちんと行う責任も含まれている。木にふさわしい伴侶を見つける仕事もそのひとつだ。マンゴーの木の婿にはよくタマリンドの木が選ばれる。また、婚姻の儀式は必ず、大人たちがその木の実を食べる前に行わなければならない。ネパールには、豊作を願う伝統のひとつとして、マンゴーの木を果樹園の水源となる井戸と結婚させる儀式がある(5)。

南アジアでは、マンゴーの葉は縁起がよいとされ、繁栄や幸福と結びつけられている。生命と繁殖を象徴するみずみずしい葉は、5枚、7枚、あるいは11枚という数

ヒンドゥー教のウェディングネックレス、マンゴー・マラ。

で、ヒンドゥー教のプージャの礼拝で用いられる水がめ「カラシャ」の飾りに必ず用いられる。カラシャに水を入れ、マンゴーの葉を広げるようにいけて、その上にココヤシの実をのせたこの飾りは、女神ラクシュミーを表し、負のエネルギーを寄せつけないと信じられている。[6] マンゴーの葉はヒンドゥー教のほぼすべての儀式に用いられており、祭りや結婚式の花輪飾り、トーラン［戸口に飾り、幸運を呼び込む］として、ぶら下げられることも多い。[7]

　ウガディともユガディとも呼ばれるフェスティバルは、インドのカルナータカ、アーンドラ・プラデーシュ、テランガーナの各州で新年の始まりを告げる祭りで、古くから伝わるウガディ・パチャディというドリンクが楽しみにされている。まずは神々に捧げられるこの飲み物には、舌が感じる六味《シャドルチュル》すべてが合わせられており、人はさまざまな経験をみな受け入れなくてはならないという意味が込められている。甘いジャッガリー［ココヤシから採れる粗黒砂糖］とバナナは幸福、タマリンドは酸っぱさ、つまり不愉快な感情、塩味は恐怖、ニームの花は苦さ、つまり悲しみ、ピリッとする青唐辛子は怒りを表している。レシピの6つ目の材料である熟していないマンゴーは、人生の思いがけないできごとの象徴だ。(8)

◉マンゴーと仏教

仏教の教えにはマンゴーの果実と木の重要性を説く話が数えきれないほどある。時代とともに仏陀の姿は移り変わったが、特徴のひとつとして、マンゴーの種子のような丸いあごを持つようになったと言われている。(9)タイには、片手にマンゴーを持つ仏像がたくさんあり、タイ仏教の正式な仏像の姿のひとつとみなされている。

仏教徒は極端な思考や行動を避けて中道を歩むよう諭されるが、最も重要な行動規範はアヒムサー、すなわち非暴力である。動物に危害を加えることが禁じられている僧侶は、施しとしてもらった肉や魚は食べることができるが、菜食が基本だ。断食は世俗的な欲望を抑制するために行うもので、仏教では、正午から翌日の夜明けまで食べ物を控えるよう求められる。断食の時間はマンゴーを食べることは禁じられるが、マンゴージュースは1日中飲める場合もある。この甘いフルーツを携えて仏陀の教えを伝える旅に出た仏教の僧侶たちは、結果としてマンゴーの種子を東南アジアや

マンゴーを持つ仏陀の座像。タイ、18～19世紀、金銅。

中国へと広げることになった。

初期の仏像に、女性の姿をした木の精ヤクシーの像がある。この精は豊穣・多産の象徴で、彼女らが触れるだけで木々が花を咲かせ、実を結ぶという。ヤクシーはマンゴーの木の下で身をくねらせて、足で木の幹に、手でたわわに実った枝に触れた姿で描かれ、仏陀の遺物があることでよく知られるサーンチーの仏塔をはじめ、初期の仏教建築物に彫刻されている。サーンチーの仏塔の彫刻では、仏陀の身代わりであるマンゴーの木に1匹のサルがハチミツを供えている(10)。

歴史上の仏陀の人生における数々の重要なできごとがマンゴーの木と結びついている。仏陀は最初の教えをマンゴーの木の下で説いた。仏教に改宗した高級遊女のアムラパーリーは、仏陀が安らかに眠れるようにと自分が所有してい

マンゴーの木の下のヤクシー。サーンチーの大仏塔、紀元前1世紀〜1世紀ごろ。

たマンゴーの果樹園全体を捧げた。仏陀が悟りの旅で最初に立ち寄ったヴァイシャーリーでは、青々と茂ったマンゴーの木が道に並んでいた。仏陀が最後の食事を終えて涅槃《ねはん》に入ったのも、クンダ・カンマラプッタのマンゴーの森を訪れたときだった。

仏陀が起こした有名な奇跡のひとつに「双神変」があり、上半身から炎を、下半身から水を放ったと伝えられている。これはライバルの宗教指導者の挑戦を受けて示したもので、仏陀はこの奇跡をマンゴーの木の下で実行すると宣言したが、ブッダに奇跡を起こさせたくないライバルたちのたくらみでマンゴーの木が1本残らず切り倒されてしまった。するとブッダは、身分の低い庭師から贈られたひとつのマンゴーの実を、みるみるうちに立派な大木に成長させたという(11)。このときの偉業は現在、インドの街頭奇術師が見せる人気の手品になっている。

仏教の教義は物語を通して伝えられるが、その物語の多くにマンゴーが登場する。仏陀の前世の話はジャータカとして知られ、彼は動物や人間などさまざまな姿で現れて非暴力を説く。なかでも有名なジャータカにサル王の話があり、川辺の木に実るとりわけおいしいマンゴーが出てくる。サルの一族は日ごろからそのマンゴーの恩恵を受けていた。ところが欲ばりな人間の王がその木を見つけ、実をすべて奪うべく兵士を送り出す。結局、サルの王は自分の身を犠牲にして橋を作り、仲間を逃した。この話は、自分よりも他者の命を優先することの重要性を説いている(12)。

マンゴーを薬として用いる話もある。ビンバデーヴィは高貴な生まれだったが、富や権力を手放して仏道に入った。ある日、彼女は病気になり、腹が張って痛くなった。以前ならマンゴージュー

インドのマンゴー手品。1870年ごろ。ウィロビー・ウォレス・フーパー撮影。

スと砂糖で、よく起こるその不調を治せたが、貧しい修行者となった今、もはやそうしたものには手が届かない。仏陀の弟子はビンバデーヴィの病について王に知らせた。王が彼女に甘くしたマンゴージュースを差し入れると、病気が治った。それからというもの、王は毎日、ビンバデーヴィに砂糖入りマンゴージュースを届けさせたという(13)。

アンバコラ・ジャータカは、森のマンゴーを独り占めする悪い修道僧の話だ。修道僧の利己的な行動を見ていた菩薩（悟りを開いて仏陀になる前の姿）は、マンゴーをすべて消し去ってその修道僧を戒めることにした。マンゴーがなくなったことを他人のせいにした修道僧は、おそろしい怪物に脅かされて森を逃げ出す。

仏教と同時代（紀元前500年ごろ）にインドで誕生したジャイナ教は究極の非暴力を説

マンゴーの木のサル。インドの絵画の一部。1810年ごろ、テンペラ、墨、金、紙。

く。ジャイナ教の女神アンビカーは母と赤子の守護者として崇拝され、昔から、右手にマンゴーを持ち、マンゴーの木の下で獅子の上に座った姿で描かれている。英国のヴィクトリア&アルバート博物館所蔵コレクションの説明にはこうある。マンゴーは「丸みを帯びた女性の体、特に乳房」を連想させるが、「マンゴーを表すサンスクリット語（アムラ）とヒンディー語（アンブまたはアンバ）が母親を表す単語（それぞれアンバとアンマ）に似ていることからも、それがよくわかる[14]」。

◉文学作品におけるマンゴー

マンゴーは宗教的な言い伝えや物語にたびたび登場するだけでなく、詩文でもよく比喩に使われる。マンゴーは多産と結びつけられ、性欲を促進すると考えられている。神話に登場するヒンドゥー教の愛の神カーマデーヴァの名は、甘美な愛を意味するカーマと天や神を意味するデーヴァのふたつの単語の組み合わせだ。カーマデーヴァが弓で射る矢の先端には、マンゴーの花を含む甘い香りの花の香油がつけられている。カーマデーヴァはさまざまな化身の姿で現れるヴィシュヌ神と血がつながっているとも言われ、オウムの上に座っているハンサムな若者の姿で描かれることが多い。使者であり物語の語り手でもあるオウムの赤いくちばしは愛の情熱、緑の体は多産を表している[15]。

マンゴーは「愛の果実」と呼ばれることがあり、かの有名なインドの性愛論書『カーマ・スートラ』に登場する唯一のくだもので、アムラチュシタ（マンゴーしゃぶり）という性交の体位にその名が用いられている。つぼみと実がなる時期はそれぞれ春と夏の季節を表す比喩として使われる。「マンゴーの枝にふくらみができて、新芽を出し、つぼみとなって、やがて花開くように、愛もふくらみ、芽を出して、つぼみとなり、開花する」(16)

マハトマ・ガンディーは人生の大半でおいしいマンゴーを楽しんでいた。みずからのメッセージを伝えるための比喩として、幾度となくマンゴーの実や木を用いている。

マンゴーの苗を植えて2～3日水を与えなかったらどうなるか、あるいは苗の周りに垣根を作ったらどうなるかを考えてほしい。(中略)マンゴーの木は伸びて大きくなるにつれ、低く頭を垂れる。同様に、強者も力を増すにつれて、いっそう謙虚に、いっそう敬虔になるべきだ。(17)

ほかにもガンディーが語った言葉がある。「マンゴーの木はすぐには実をつけない。マンゴーのような木に何年もの世話が必要であるのに、まさに木のような存在でありながら、かくも長いあいだ教育を受けさせてもらえなかった女性に対して、いったいどれほどの思いやりある支援が必要となることか(18)」。けれども「薬」として贈られたマンゴーを好きなだけ食べる暮らしを送ったガンディーは、後年になってこう述べた。「マンゴーは呪われたくだものだ。余計な愛情を込めて扱わないようにしなければ」。快楽的なマンゴーに惹かれることは、みずからが克服しようとしていた物質世界への執着だと、彼は考えたのである。(19)

子どもたちにマンゴーを配るマハトマ・ガンディー、1944年。

マンゴーはアメリカの大衆文化でも快楽の象徴である。1993年に放送された連続ホームコメディ『となりのサインフェルド』には「マンゴー」というタイトルの有名な話があり、登場人物のクレイマーとジョージがそのフルーツの性欲促進効果を発見して、自分たちの性生活に役立てる。

マンゴーは美しい胸や尻といった女性の体を連想させる。E・M・フォースターの小説『インドへの道』(1924年)ではアジズ医師がフィールディング医師に「マンゴーのような胸の女性を紹介するよ」と約束する。作家のサルマン・ラシュディは『真夜中の子供たち』のなかの印象的なシーンで、うっかり母親の裸の尻を見てしまった語り手に「黒いマンゴー」のようだったと言わせている。

ときに「カッコウの恋人」と呼ばれるマン

ゴーの木は、鳥のカッコウとも関係が深い。10世紀ごろの宮廷詩人ラジャセカラの詩人のための手引書『カーヴィアミマーンサー *Kāvyamimāṃsā*』では、しばしば、春にマンゴーの枝にとまっているカッコウの姿が描かれ、ロマンティックに語られる。そこではカッコウが、マンゴーの花の甘い香りがする蜜を吸ううちにすっかり酔いしれて、情熱を帯びた歌声を発するようになる。[20]

マンゴーはその名を冠した文学ジャンルを持つ唯一のフルーツだ。「サリー・マンゴー」文学は2013年に幾人かの南アジアの男性作家が造った言葉で、そこには、女性が着るサリーやマンゴーを判で押したように登場させて「異なる世界」や「異国風」を求める西洋の読者を喜ばせているとして、おもにインド南部の女性作家が書く作品をけなす意図が含まれている。受賞歴のある南アジアの作家サルマン・ラシュディはこう語った。「若い作家たちに伝えたい。タイトルにトロピカルフルーツを使うな。マンゴーも、グアヴァも全部だめだ。クジャクなどの熱帯地方の動物も同じ。そうしたくだらないものはやめておけ」[21]。ラシュディ本人は20回以上もマンゴーに触れており、受賞作『真夜中の子供たち』で登場人物の胸をマンゴーにたとえていることは、ここに記しておくべきだろう。

しばしば幼少時の記憶や料理への郷愁を誘う「マンゴー」がタイトルに含まれる小説は、カリブ諸国からフィリピン、そして南太平洋地域まで、マンゴーが生育するほぼすべての国の作家によって執筆されている。インドの作家アムリヤ・マラディの著書『マンゴーの季節 *The Mango Season*』では、昔から家族でマンゴーのピクルスを作る時期に、主人公がアメリカからふるさとのインドへ帰郷する。彼女はアフリカ系アメリカ人の婚約者と結婚するつもりでいるが、こう釘を刺される。「トマトでマンゴーピクルスは作れない。（中略）ふたつの文化を調和させることは一筋縄ではいかないよ」[22]。「ふたりの女性、ふたつの文化、必死にアメリカで新たな人生を歩もうとする」という要素はフィリピン人作家マリヴィ・ソリヴェンの小説『マンゴーの花嫁 *Mango Bride*』のテーマである。ソリヴェンは故郷を思うシーンをこう表現している。「懐かしい甘い香りはベヴァリーの心を遠い子ども時代の日曜日へと連れていった。（中略）ベヴァリーはマンゴーを手に取ると、故郷の匂いを吸い込んだ」[23]。キューバ系アメリカ人作家のベルタ・イサベル・アリアスは、小説『マンゴーの雨 *Mango Rain*』（２０１１年）で、甘いマンゴー果汁が流れる川の童話を引き合いに出している。

最近は料理の回想録やレシピ本が人気だが、なかでもフィリピンからカリブ諸国にかけての地域には、マンゴーを取り上げた作品がたくさんある。インド人シェフ、マドゥール・ジャフリー著『マンゴーの木登り *Climbing the Mango Trees*』（２００５年）、ベトナム人シェフのトゥン・グエン、キャサリン・マニング、リン・グエン共著『マンゴーと胡椒の実 *Mango and Peppercorns*』（２０２１年）、ジェフリー・アルフォード、ネイオミ・ドゥグイド共著『マンゴーとカレーリーフ *Mangoes and Curry Leaves*』（２００５年）などがその例だ。

マンゴー栽培地域を故郷に持つ作家の作品で今も英語圏で出版されている児童書では、驚くほど多くの本でタイトルにマンゴーが含まれている。アメリカ国民の多様化が進み、マンゴー栽培国からの移民が増えるにつれて、マンゴーが文化や料理を紹介する「入り口」となる食べ物の役割を果たすようになってきたとも言えるだろう。作家たちは、手や口周りがべたべたになるこのフルーツを食べたことを含めて、子ども時代の行動を懐かしく思っている。

1本の木から何百個もの実が採れるマンゴーの話は、分け合うという行為の教訓になる。ジャマイカ人作家レジーナ・ハンソン著『マンゴーの季節 *A Season of Mangoes*』（２００５年）では、初めて「祖母の通夜《シットアップ》」——ジャマイカで昔から行われている死者を悼む行事——に参加した主人公と、祖母の大好物だったマンゴーの話が描かれている。マレー系シンガポール人作家のヒダヤ・アミンは著書『マンゴーの木 *The Mango Tree*』（２０１３年）で、自分が生まれたときに植えられ、一生を通して見守ってきたマンゴーの木について語っている。インドを離れて海外で暮らす作家のマラヴィカ・シェティは、『いちばん甘いマンゴー *The Sweetest Mango*』（２０２１年）で友情とマンゴーのおやつについて魅惑的な話を繰り広げている。

南アジアの愛の詩では、古くからマンゴーの実と木が比喩として用いられている。アメリカの人気歌手アリアナ・グランデが２０１９年のツイートで、13世紀インドのペルシア詩人で音楽家、イスラム神秘主義者だったアミール・ホスローの詩をファンに公開したことは驚きであり、ちょっとしたミステリーでもあった。

彼は毎年この街にやってくる
彼はキスと甘い蜜でわたしの口をふさぐ

わたしは持っているお金を全部彼に貢ぐの
だれに？　恋人？
違うわ、マンゴーよ(24)

名を知られた13世紀のサンスクリット語の詩人で劇作家のカーリダーサは、春の恋愛を表現するためにマンゴーの花を用いている。アーム・オー・ガーリブとして知られるユニークなフェスティバルは、18世紀のウルドゥー系インド人の詩人で心底マンゴーを愛していたミールザー・ガーリブに敬意を表する祭りで、毎夏インドで開催される。祭りでは詩が朗読され、いくつものバケツに入ったマンゴーが食べ尽くされる。この詩人はマンゴーは甘くて大量にあるのがいちばんだと断言したことでよく知られている。インドの詩人で１９１３年にノーベル文学賞を受賞したラビンドラナート・タゴールは、詩「不屈 Unyielding」の冒頭で、マンゴーを使って情景を設定している。「庭にあなたを訪ねたら／マンゴーの花がよい香りを漂わせていた(25)」

アフリカ系ガイアナ人の劇作家で詩人、児童書作家のジョン・アガードは、初めてマンゴーを味わう若い英国人女性の恋の詩を書いているが、この詩には文化の違いについての奥深い意味があり、植民地化への批判が含まれている。バングラデシュ系移民の家庭に生まれたアメリカの詩人タルフィア・ファイズラーは、詩「マンゴーの自画像 Self Portrait as Mango」の冒頭で皮肉を込めた辛辣な言葉を用い、移民が感じている差別を手厳しく批判する道具としてマンゴーのイメージを使っている。「彼女は言う。あなた英語が上手ね。この国に来てどれくらい？／わたしは言う。黙ってマンゴーでもしゃぶってなよ、このクソ女。どうせわたしがそれしか食べていないとでも思ってるんでしょ(26)」

マンゴーの実と木は、詩、音楽、絵画を組み合わせた独創的かつ伝統的なインドアートで隠喩として用いられている。インド音楽には、特定の雰囲気や時間帯に合わせた旋律型「ラーガ」があり、恋愛の幸福感やせつなさなどを表現する詩が伴われて歌になっていることもある。ラーガはおもにムガル帝国の時代に、楽曲絵《ラーガマーラ》と呼ばれるとても小さな細密画で視覚的にも表現された。6つの主要なラーガにはそれぞれ対になる女性の姿ラーギニが存在し、絵には必ず物語を伝える視覚的な手がかりが描かれている。たとえば有名なヴァサント・ラーギニでは、花を咲かせたマンゴーの木が、見る人に春であることを告げる。熟したマンゴーがたわわに実っている木々は夏を意味する。夏の代表例であるカクバ・ラーギニには、恋人と離れたヒロインの愛と悲しみの両方が描かれている(27)。

インドのラーガマーラでマンゴーの花や実が旋律の場所、時間帯、雰囲気を表すものだとするなら、カリブ諸国にある作者不明の民謡の歌詞についても同じことが言えるかもしれない。ジャマイカの歌「マンゴー・ウォーク」や「マンゴー・タイム」には、マンゴー収穫期の喜びや祝福の気持ちが映し出されている。

日本からジャマイカまでの世界各地に、名前や歌詞にマンゴーを取り入れているラップやロックの現代音楽グループがある。マンゴー・グルーヴは南アフリカのアフロポップバンドで、タウンシップ・ミュージック［アパルトヘイト時代の非白人居住区で誕生した音楽ジャンル］とポップスを合わせた音楽を演奏する。マンゴー・レコーズは1972年に創立された、カリブ音楽を重点的に扱うレコードレーベルだ。

カリブ諸国で「チャツネ・ミュージック」と呼ばれる音楽ジャンルは、アフリカのサウンドとインドの影響が混ざり合ったものである。スパイ映画007シリーズの1962年の作品『007は殺しの番号』では、海から姿を現した女優ウルスラ・アンドレスが魅力たっぷりに、マンゴーの木の下で恋人ともうすぐ「ブルループ」するのと歌を口ずさむ。(28) アメリカのシンガーソングライター、ジミー・バフェットの歌「ラスト・マンゴー・イン・パリ」は、南の島でゆったりと暮らす「アイランド・エスケーピズム」のライフスタイルを鮮やかに描き出している。

◉視覚芸術におけるマンゴー

16世紀、南アジアの動植物を記録する植物細密画家は確かにマンゴーを詳細に描写した。けれども、このフルーツに芸術としての可能性を見出したのは、1887年にカリブ海のマルティニーク島で創作にいそしんでいたポスト印象派の画家ポール・ゴーギャンである。その後タヒチに移ったゴーギャンは『ふたりのタヒチの女性 Two Tahitian Women』を描き上げたほか、多くの作品でマンゴーをエデンの園のリンゴのように扱っている。彼はマンゴーとトロピカルな情景の両方をエロティックに表現した。2017年の伝記映画『ゴーギャン　タヒチ、楽園への旅』の翌年のレビューには「彼（ゴーギャン）は彼女（タヒチ人の若い愛人）に胸をむき出しにしてマンゴーをかじるよう求める」と記されている。(29) 別の評論では「あたかも触れているかのような感覚を覚える瞬間がいくつかある。たとえば、ゴーギャンがゆっくりマンゴーを食べるところだ」と論じられている。(30)『ふたりのタヒチの女性』では、無邪気な女性たちが手にする皿の上のマンゴーの花が、その上から飛び出す果実のような豊かな胸の性的な魅力をそれとなく感じさせる。

マンゴーの葉を食べるインドの牛について、興味深い話がある。もしかすると、ゴーギャンと同時代のポスト印象派フィンセント・ファン・ゴッホや、英国の風景画家ジョゼフ・マロード・ウィリアム・ターナーの作品にある鮮やかな黄色は、牛のおかげかもしれない。歴史学者のなかには話の信憑性を疑う者もあるが、インドのビハール州からロンドンの技芸協会に宛てた1883年の書簡で、T・N・ムカージがインドの黄色い顔料の作り方を説明している。その鮮やかなオレンジがかった黄色の顔料は15世紀のムガル帝国で生まれ、その後まもなくヨーロッパの画家に知られるようになった。ムカージの説明によれば、インドの農夫は、マンゴーの果樹園を自由に歩き回ってマンゴーの葉を食べる牛たちを上手に操り、バケツに放尿させることができた。その尿を集めて濃縮し、濾過してから日干しして、乾燥したものを丸めると、顔料になるという。この方法の欠点は、マンゴーの葉を大量に食べさせることが家畜にとって有害になりうることである。インディアンイエローの顔料を作るこの方法はのちに、動物の虐待にあたるとして禁止された。(31)

ポール・ゴーギャン『ふたりのタヒチの女性』、1899年、油彩、画布。

「マンゴー」は色の名でもあるがはっきり説明することは難しい。標準化されたカラーマッチングシステムを提供しているパントン社によれば、色見本14－1140TSXは「アイスマンゴー」で、15－0960TPGは「マンゴーモヒート」である。ほかにもさまざまな塗料ブランドが「マンゴーマルガリータ」「マンゴーパンチ」「ライプマンゴー」「マンゴーマッドネス」などの色を出している。画材の製造販売会社クレヨラには「マンゴータンゴ」色のクレヨンがある。それとは別の「マンゴー」はさらに明るい黄色だ。

フロリダ州キーウェストで作品を作っているハイチ人アーティスト、ウィリー・ジャン＝ポールをはじめ、カリブ諸国の現代画家たちは、生き生きとしたマンゴーがたくさんのかごに積まれている色とりどりの市場のシーンを描いている。ハイチの画家セレスタン・フォースタン（1948～1981）は、たわわに実ったマンゴーの木の下でアダムとイヴがくつろぐカリブのエデンの園をイメージした。メキシコ人画家フリーダ・カーロ（1907～1954）は色彩豊かな静物画にマンゴーを取り入れている。もしかすると最も異色な作品は、作家のD・H・ロレンスが描いた数少ない絵のひとつ『マンゴーの木の下で Under the Mango Tree』かもしれない。こちらもアダムとイヴの物語にまつわる性愛が描かれているが、発表当時は、あまりにエロティックなため英国での展示には適さないとみなされた。ロレンスは著作でも幾度となくマンゴーに言及している。特にエッセー『メキシコの朝 *Mornings in Mexico*』（1927年）では、マンゴーの存在が、西洋の読者の目に映るメキシコの風景の異国情緒を引き立たせている。

マンゴーが様式化されたペイズリー柄は、南アジアでは広く縁起がよいと考えられており、バンダナから壁紙あるいは有名なショールまで、あらゆるものに用いられている。この模様の起源については いくつもの説があるが、ペイズリー柄はパンジャブ語で「アンビ」、そのルーツはマンゴーを意味する「アンブ」だ。「ペイズリー」はスコットランドにある街の名で、かつてはていねいな手織りだった美しい柄のショールが、東インド会社を通して南アジアからその地へ輸入されていた。マンゴーのような形の独特な模様を持つその美しいショールは富と地位の象徴となり、まもなくその街の織物工場で機械を使って生産されるようになった。[32] ヨーロッパとアメリカでこのフルーツを手に入れやすくなったこと、またマンゴーのイメージが比喩を用いるコミュニケーションに適していることを受けて、2018年にはマンゴーの絵文字が文字コードのひとつとして承認されている。[33]

第8章◉マンゴーの奇跡――マンゴーの未来

マンゴーは「アボカドトースト」のように一世を風靡するのだろうか？　欧米の人々は、五感にうったえる本当においしい生のマンゴーをいくらでも食べられるようになるのだろうか？　研究者と生産者は、商業市場向けに輸送と保管が可能で商品として扱いやすく、なおかつおいしさも保てるような、最適なマンゴーを見つけられるのか？　この先数年のあいだに、マンゴーと栽培者にはいくつもの課題や好機が見つかるだろう。

全米マンゴー委員会は、世界各地の栽培者ならびに生産者と協力して、欧米でマンゴーの消費を増やす取り組みを実施している。マンゴーの風味と栄養価だけでなく、このフルーツの歴史と文化を消費者に周知しながら、世界各地の産業を取りまとめ、市場における潜在的なニーズを掘り起こすことを目指している。委員会は、マンゴーが自生する地域と同じように、西洋でもエキゾチックなフルーツの域を脱して、マンゴーをいつでもどこでも手に入る大衆的な商品にするという展望を思い描いている。全米マンゴー・リテイラー・オブ・ザ・イヤーに選ばれるのは、販売量の増加が

マンゴーについて周知を図るPRラベルが貼られたマンゴー。

見込める「チャンス商品」としてマンゴーを取り扱っている、と委員会が認めた小売業者だ。アメリカの人口分布が変化するにつれて、アジアやヒスパニック系のコミュニティがいっそう拡大し、故郷のフルーツを思い出すような多種多様な高品質のマンゴーを求めるようになるだろう。

以前にも増して、消費者は世界各国の食材や調理法を取り入れた料理に関心を持つようになっている。欧米ではほとんど育たないマンゴーは、エキゾチックな雰囲気を保ち続けている。マンゴーは南アジア、アフリカ、南米、中米の料理でよく使われる食材であり、世界各地で折衷料理店のシェフにひらめきを与えている。レストランのメニューで料理の説明にマンゴーを加えると注文される確率が上がることが、市場調査からわかっている(1)。

消費者は食品業界が言うところの「植物性食材中心」の選択肢に目を向け、環境と健康のために、牛、豚、羊といった赤肉を選ばなくなってきている。言うまでもなく、細切りマンゴーのサラダはチーズバーガーより体によさそうだ。(2) シチリア島にあるパレルモ大学などが最近実施した研究では、マンゴーにある植物由来の栄養素《ファイトニュートリエント》の特性とそれが健康に利益をもたらす可能性が探られている。大流行のアボカドトーストの成功をヒントに、マンゴーでも、健康的に1日を始める方法のひとつとして、マンゴー入りのジュース、ケフィール、ヨーグルトスムージー、さらにはマンゴーのオートミールや粥まで、朝食をターゲットにした商品が開発されている。

南アジアでは、マンゴーの種は何世紀も前の昔から、おいしくてしゃぶりがいのある乳幼児のおしゃぶりだった。西洋の赤ちゃんがマンゴーの味を知ったのは、アメリカ最大のベビーフードメーカー、ガーバー社が、マンゴー風味の食品を作った2007年以降である。マンゴーの生産者は、以前と比べてよく知られるようになったマンゴーの味と明るい色が、新しい世代のマンゴー好きを育ててくれるよう期待している。ヘルシーなドライマンゴー、マンゴー「レザー」「マンゴーピューレをなめし革のように平らにして乾燥させたもの」、さらにはマンゴーグミまでもが、世界各地の食料品店に並ぶようになった。マンゴーとチリライムフレーバーのポテトチップ、マンゴーともち米の春巻き、マンゴーとココナッツフレーバーのキャラメルポップコーンのような、新しい独創的な食品も販売されている。メーカーは、忙しい大人や、子どものランチ向けに、フリーズドライのマンゴーチップや、持ち歩きが可能で健康的なスパウトパウチ入りのマンゴーピューレ食品を試験販売

サーディンとマンゴー。スペインのパルマ・デ・マヨルカにあるレストラン、カタリーナ・オリベ・オルス。

している。

できあいのマンゴーサルサやバーベキューソースはたくさんある。細かく切ったドライマンゴーをトッピングした新鮮なサラダに合わせるなら、マンゴー風味のヴィネグレット（フレンチドレッシング）が手に入る。フランスのマンゴーマカロンから日本のマンゴー大福まで、顧客はなんでも購入可能だ。スペインの食料品店にはマンゴーフレーバーの塩まである。

多くの国や大学では、質のよい商品を届けられるようマンゴーのサプライチェーンを支援すること、また栽培、輸送、梱包、輸入、小売の各業者に知識を与えることを目的に研究が進められている。輸入業者は、アメリカの消費者が望むどれもが同じ形をした、むらのないマンゴーを届けるべく、さまざまなタイプの梱包を試している。ノリス・レデスマは２０２２年に、自身が作ったチェリーというマンゴー種の特許を取った。そのマンゴーはみごとな赤紫色で、市場に出ているアタウルフォマンゴーとは異なり、傷やへこみが目立たない。小売業者は購入者に、在来種《エアルーム》トマトの形が悪いのと同じように、完璧においしいマンゴーにも茶色い斑点やいびつな形のものがあることを伝えようとしている。生産者や物流業者は、アタウルフォ（メキシコの農夫の名からそう呼ばれているが、最近はハニーやシャンパンなどの新しい名がつけられている）のようなマンゴーの品種のほうが、アメリカの消費者にとって魅力的であることを学んでいる(3)。

在来種トマトを見直す活動の最終目標と同じく、インドの研究者と栽培者は特に、流通にばかり目が向けられると消えてしまう可能性がある独特で伝統的なおいしいマンゴーの多くを保護しようと努めている。未来には「スーパーにある一般的なマンゴー」だけでなく、さまざまな生のマンゴーが手に入るようになって、色、形、大きさ、香り、舌触り、そしてマンゴーにしかないしゃぶる音を含め、たくさんの品種を体験できるようになることを期待したい。

果肉と果汁を加工したあとに残る「廃棄物」——皮や種——を原料にした食品の開発も試験的に実施されている。果実全体の総重量のおよそ15～20パーセントを占めるマンゴーの皮は、乾燥させてから粉末にして、食物繊維として栄養補給食《エナジーバー》に添加できる。種のなかの仁は圧搾してオイルにし、チョコレートの加工に使える。フルーツレザー・ロッテルダム社は、ヨーロッパの輸入マンゴーに義務づけられている品質テストで生じるマンゴーの廃棄物から、ヴィーガンレザー［動物由来のものをいっさい使わない革］を作っている。インドではその工程の効率を上げて利益をもたらすため

マンゴーを保護する斬新なパッケージ。

の研究が進められている。インドの大手果肉メーカーであるABCフルーツ社は、捨てられるマンゴーの繊維をダイエットサプリに、皮をハーブエキスに利用している(4)。

気候変動をうまく活用した結果、現在ではシチリアや韓国など意外な場所で新たにマンゴーを栽培できるようになってきた。今後もおそらくそうした微気候の地域が出現して、マンゴーが地元のフルーツになり、世界各地で消費者が増えるだろう。ウォン・ファームズ社は、カリフォルニア州メッカの砂地、砂漠の灼熱、乾燥という条件でマンゴーを育てる技術を開発し、木々にマイクロチップを埋め込んで植物内の水圧を監視しながら、点滴灌漑［チューブなどで植物の根元へ直接ゆっくりと水を与える方法］の効率的なスケジュールを判断している。そうした技術的な手法とは別に、同社では、いずれは土に還ってリサイクルされる

自身が開発したチェリーマンゴー種を手にするノリス・レデスマ。

茶色や白の紙袋をかぶせて、過剰な日光からマンゴーを守ってもいる(5)。

昔からマンゴーが食卓に上っていたカリブ海地域とアフリカの多くの国がマンゴーを輸出するようになったのは、技術の進歩、輸送の改善、病害虫の抑制が可能になったごく最近だ。非営利団体のテクノサーヴ、コカ・コーラ社、経済界ならびに各国政府機関の連合による官民連携の取り組み「ハイチ希望《ホープ》プロジェクト――マンゴーのメッセージ」では、女性の役割に重点を置いた開発途上国の小規模農家支援に目が向けられている(6)。

ケニアではしばしば、害虫、病気、あるいは取り扱いの悪さのせいで、年間のマンゴー収穫高の40~45パーセントが失われている。その支援策として、ジョモ・ケニヤッタ農工大学、ストックホルム環境研究所、ロックフェラー財団の協力で、国連女性機関のプロジェクトが立ち上げられ、小

フリーズドライやピューレに加工されたマンゴー食品。

規模農家連合が共同で利用できる加工機械と訓練が提供されている。[7]

民間のマンゴー輸出企業アンコール・ハーヴェスト社が後援しているカンボジアのマンゴー加工設備プロジェクトでは、「マンゴーの安定した販売ルートと全国統一ブランドを作る基盤」を固めることに目標が置かれている。その取り組みのひとつは、カンボジアのマンゴー農家と輸出市場を直接結びつけて、農家の利益を上げることである。[8]

未来のマンゴー栽培の効率と収益性を上げるために開発

リラックスするお茶からエナジードリンクまで、あらゆる場面に合わせられるマンゴードリンク。

されつつある技術革新の一部が、故郷を離れた人々を描く物語や料理の回想録でノスタルジックに表現される美化された記憶と矛盾することは否めない。たとえば、高密植栽培の方法を採用すれば、木は低くなるように剪定され、支柱を使って垣根状に平たく仕立てられるため、マンゴーの木に登る必要はなくなる。[9] マンゴー・オフシーズン・テクノロジーは、成長を調整する一種のホルモンを与えて、開花と結実を従来の季節とは異なる時期に変える技術だ。プエルトリコ、サンタ・イサベルにマーテックス・ファームを所有するヴェニー・マーティは、季節による温度変化がない場所では、成長調整剤の使用がきわめて有効だと感じている。マンゴー農家は利益が最大になる時期を自分で決めることができるようにな

るが、「マンゴーの季節」という、人々のあいだで共有されていた概念は失われることになる。(10)

欧米では、カフェのスムージーにマンゴーフレーバーがあり、小腹が空けばドライマンゴーを軽くつまむことがすでにあたりまえになっている。それでもいつかは、最高の生マンゴーを食べるときの情熱的な五感の体験や、新しい形のマンゴーを食べる楽しみを世界中で共有できるようになることを祈る。太陽のような、刺激的で多彩なフルーツの未来はどちらを向いてもとても明るく見える。

謝辞

この人気のフルーツに対する大きな愛と知識を共有してくださった世界中のマンゴー好きのみなさまにたいへんお世話になった。研究者であるフロリダ州ホームステッドのノリス・レデスマとリチャード・キャンベル、そしてペンシルヴェニア州フォートワシントンのバスカー・サヴァニに謝意を表する。フロリダ州パインアイランドのマンゴークイーン、DJ・ルシックの熱意はよい思い出になった。

マンゴーの栽培者であるフロリダ州ホームステッドのロバート・モーリング、シチリア島のステファニー・ギユーとジュゼッペ・フォレンツェ、プエルトリコにあるマーテックス・ファームのヴェニー・マーティ、フロリダ州ホームステッドにあるフルーツ・アンド・スパイス・パークのルイーズ・キング、スペインはマラガのピード夫妻のサリーとデニス、そして全米マンゴー委員会のマーセラ・マグレインには多くのことを教えていただいた。マンゴーの卸売については、ペンシルヴェニア州フィラデルフィアのピント・ブラザーズ農産物卸売市場のマイケル・ロンバードの手ほどきを受けた。

料理史に詳しいソーシャルならびに印刷メディアの友人たち、ガストロポッドのニッキー・トゥウィリー、ライトサイドのジャネット・アーヴィン、エディブル・サウス・フロリダのグレッチェン・シュミット、そしてウェル＝シーズンド・ライブラリアンのディーン・ジョーンズには心より感謝している。

このすばらしいフルーツを目玉にしているたくさんのシェフたちのレストラン、オハイオ州シンシナティのマンゴー・ツリー、ヴァージニア州ハンプトンのマンゴー・マンゴー、台湾の台北にある好嶼ＨＯＳＵ、スペインのパルマ・デ・マヨルカにあるカタリーナ・オリベ・オルス、そしてペンシルヴェニア州フィラデルフィアのマンゴー・マンゴー・デザートのマンゴーメニューはおいしかった。

ジョアン・ベニングとサンディー・ケラディをはじめとして、マンゴーの参考文献や写真を丁寧に探し出してくれたフィラデルフィアとシンシナティのたくさんの友人たち全員にもお礼を述べたい。ポーラ・ロバーツからは編集の補助を、ロレンツ・ランゲージ・コンサルタントのキャスリン・ロレンツと、シンシナティの読書クラブ「フレンズ・アンド・ブックス」からは校正と校閲や編集の支援を受けた。シンガポールの友人、シャドウ・ポール、シャーロット・チュー、イヴ・フェルダーはこのマンゴーの旅をとても楽しいものにしてくれた。わたしたちの共通の友人マリー・コレシスは彼女の大好きなマンゴーを教えてくれた。

リアクション・ブックスのエイミー・ソルターとアレックス・チョバヌは出版のプロセスをみご

となな手腕で導いてくださった。

最後にだれよりも、わたしたちふたりの忍耐強い家族、マンゴー好きになりつつある孫娘でおいしいマンゴーラッシーを作れるジョージーとイライザ・カーカー、そしてこの料理の旅のあいだずっと応援し続けてくれた夫たち、トム・カーカーとジョン・カチュバにありがとうと言いたい。

訳者あとがき

本書を執筆したコンスタンス・L・カーカーとメアリー・ニューマンは「食」の図書館シリーズ『ココナッツの歴史』の著者である。今回は同じく南方系のマンゴーがテーマだ。さまざまな文献や専門家の話を参考にマンゴーのすべてが詳しく語られており、豊富な写真もなかなか見応えがある。

マンゴーから連想されるものといえばやはり、南国、常夏、情熱、開放感、恋愛などのイメージだろう。あるいは、宮崎マンゴーを売り込むことに成功した元宮崎県知事の顔が目に浮かぶ人もいるかもしれない。日本の生のマンゴーは高価なフルーツの印象だが、マンゴープリン、アイスクリーム、パフェ、冷凍マンゴーといったスイーツなら、飲食店で食べたり、スーパーやコンビニで安価に手に入れたりすることができる。夏がくるとマンゴーフェアがあちらこちらで開催され、マンゴーは日本でもすでに「おなじみ」の食材になっていると言っていいだろう。とはいえ、本書の著者が熱く語るような、肘まで果汁を垂らしながら音をたててしゃぶりつく体験はなかなかできない。沖縄や宮崎など国産のマンゴーはあっても、マンゴーの木が庭に生えていて、はるか昔からマンゴーが文化の一部になっている国とはまったく異なるからだ。そもそも見た目も味も香りも多種多様なマンゴーが存在することすら、ほとんど知られていない。その点では欧米人と同じくらいマンゴー未体験だと言える。

文化の視点に立っても、農業の専門書や図鑑を除く日本の文学作品には、マンゴーがタイトルに含まれるものはあまりないようだ。あるのは海外旅行記や海外を題材にした物語くらいで、児童文学作品では翻訳書のタイトルにマンゴーが散見される程度である。音楽の世界には、韓国のKポップのように、マンゴーが歌詞やタイトルの一部になっている歌がいくつかある。マンゴーが主役というわけではなく、ほかのトロピカルフルーツとひとまとめになっているが、いずれも夏や恋がテーマだ。そう言えば、ヌード写真集のタイトルにマンゴーが使われていた。やはり「マンゴーは情熱をかき立てる」のかもしれない。

「日本人は寿司にマンゴーを使うだろうか?」

残念ながら、訳者はまだこの目でマンゴー寿司を見たことはない。だが、海外にはたくさんのマンゴー寿司があるようだ。それらは基本的には握りではなくマンゴーを使ったカリフォルニアロール系で、海外在住あるいは旅行などで訪れた日本人にも好評のようである。思えば日本では、アボカドもいつのまにか醤油とわさびで食べるようになっていた。マンゴーも手に入れやすい価格になれば寿司のネタとして市民権を得られるようになるのかもしれない。

ちなみに、日本の国果は「柿」であるらしい。確かに、遺跡で種が見つかり、和歌や俳句の題材になり、皇室にも献上されていて、生でも干し柿としても食され、スイーツにも料理にも使え、あちらこちらの庭に植えられている。そこにマンゴーのような開放的な情熱は感じられないかもしれないが、慎み深いことが美徳とされる日本文化の背景を考えると、密かに愛されていると言えなくもない。日本の読者は意外と、マンゴー栽培国の「マンゴー愛」を理解できるかもしれない。

最後になったが、本書を訳すにあたって原書房編集部の善元温子氏とオフィス・スズキの鈴木由紀子氏ほかのみなさまにお世話になった。記して謝意を表したい。

2024年8月

大槻敦子

写真ならびに図版への謝辞

著者ならびに発行者は図版資料の提供もしくは複写、あるいはその両方に対して以下の原典に謝意を表する。図版の挿入ページも簡単に示しておく。

Alamy Stock Photo: pp. 28 (Jeffrey Isaac Greenberg 5+), 47 (Ramon Espinosa/Associated Press), 143 (Dinodia Photos RM); courtesy the artist: p. 50; Baltimore Museum of Art, MD: p. 15; from Michał Boym, *Flora sinensis* (Vienna, 1656), photo Harvard University Botany Libraries, Cambridge, MA: p. 19; British Library, London (MS Or 3714, fol. 396r): p. 67; Chester Beatty, Dublin: p. 40; The Cleveland Museum of Art, OH: pp. 76, 140; Flickr: p. 110 (photo sanmai, CC BY 2.0); Freer Gallery of Art, National Museum of Asian Art, Smithsonian Institution, Washington, DC: p. 72; Getty Images: pp. 10 (Karwai Tang), 33 (Maryke Vermaak/AFP), 78 (Burhaan Kinu/Hindustan Times), 93 (Anwar Hussein), 118 (Kevin Mazur); courtesy HoSu Restaurant, Taipei: p. 107; iStock.com: pp. 6 (ValentynVolkov), 94 (thesomegirl); The J. Paul Getty Museum, Los Angeles: p. 139; photos Constance L. Kirker: pp. 8, 13, 24, 25, 26, 29, 30, 54, 60, 69, 74, 82, 85, 91, 92, 101, 102, 104, 111, 116, 120, 122, 126, 133, 134, 155, 157, 159, 161, 162; The Metropolitan Museum of Art, New York: p. 151; courtesy National Mango Board, Orlando, FL: p. 59; photo Mary Newman: p. 131; Royal Botanic Gardens, Kew, London: p. 87; Royal Collection Trust/© His Majesty King Charles III 2024: pp. 81, 90; USDA Pomological Watercolor Collection, Rare and Special Collections, National Agricultural Library, Beltsville, MD: pp. 16, 62; photo Maria Villafane: p. 160; from N. B. Ward, *On the Growth of Plants in Closely Glazed Cases* (London, 1852), photo Gray Herbarium Library, Harvard University, Cambridge, MA: p. 39; Wikimedia Commons: pp. 42 (photo Halidtz, CC BY-SA 4.0), 66 (photo Bpilgrim, CC BY-SA 2.5), 100 (photo Daderot, public domain), 114 (photo Ranieljosecastaneda, CC BY-SA 4.0), 136 (photo Hiart, public domain), 137 (photo Biswarup Ganguly, CC BY 3.0).

Mango Madness St Lucia, June

◉中国
Baise City, Guangxi Zhuang Autonomous Region, July

◉インド
Delhi International Mango Festival, July
Mango Mela – Pinjore, July
Global Kokan Mango Festival, 別名 the Mango Fleea, Mumbai, April

◉パキスタン
Mango Festival – introducing imported Pakistani mangoes to new markets, Dubai, Shanghai other cities, various months

◉フィリピン
Dinamulag Festival / Zambales Mango Festival, March or April
Guimaras Mango Festival / Manggahan Festival, May

◉タイ
Chiang Mai Mango Fair, May
Chachoengsao Mango Festival, near Bangkok, April

◉アメリカ合衆国
Mango Mania, Pine Island's Tropical Fruit Fair, Florida, July
Fairchild Botanic Gardens Mango Festival, Miami, Florida, July
Mango Fest Key West, Florida, June
Mango Festival Sheraton Kona Resort, Kona Island, Hawaii, August

Rumford, James, *Mango Rain* (Cedar Key, FL, 2011)
Sacre, Antonio, *A Mango in the Hand: A Story Told through Proverbs* (New York, 1968)
Sharma, Natasha, *The Good Indian Child's Guide to Eating Mangoes* (Noida, 2018)
Shetty, Malavika, *The Sweetest Mango* (Chennai, 2012)

サリー・マンゴー文学

Malladi, Amulya, *Mango Season* (New York, 2004)
Manicka, Rani, *The Rice Mother* (New York, 2003)（『ライスマザー』川副智子訳、アーティストハウスパブリッシャーズ、角川書店、2004年）
Soliven, Marivi, *The Mango Bride* (London, 2013)

ウェブサイトならびに関連団体

Agricultural and Processed Food Products Export Development Authority (APEDA) (Ministry of Commerce and Industry, Government of India) www.apeda.gov.in
Australian Mangoes www.industry.mangoes.net.au
Business Fights Poverty (collaboration between the Coca-Cola Company and India's mango farmers) https://businessfightspoverty.org
Fresh mango source, with many international varieties: www.freshmangoes.us
Fresh Plaza (global trade media platform for the fresh produce industry) www.freshplaza.com
International Society for Horticultural Science: www.ishs.org
National Mango Board: www.mango.org
Philippine Mango Industry Roadmap: www.da.gov.ph
Tree Journey: https://treejourney.com
zzmangoes (importer) www.zzmango.com

マンゴーフェスティバル

◉オーストラリア

Mango Madness Festival – Darwin City, November
Bondi Beach Mango Festival, November

◉カリブ諸国

Nevis Mango Festival, July
St Croix Mango Melee and Tropical Fruit Festival, July

参考資料

Alford, Jeffrey and Naomi Duguid, *Mangoes and Curry Leaves: Culinary Travels through the Great Continent* (Toronto, 2005)

Budhwar, Kusum, *Romance of the Mango: The Complete Book of the King of Fruits* (New Delhi, 2002)

Fry, Carolyn, Sue Seddon and Gail Vines, *The Last Great Plant Hunt: The Story of Kew's Millennium Seed Bank* (London, 2011)

Gollner, Adam Leith, *The Fruit Hunters: A Story of Nature, Adventure, Commerce and Obsession* (New York, 2008)（『フルーツ・ハンター：果物をめぐる冒険とビジネス』立石光子訳、白水社、2009年）

Harris, Amanda, *Fruits of Eden: David Fairchild and America's Plant Hunters* (Gainesville, FL, 2015)

Jaffrey, Madhur, *Climbing the Mango Trees: A Memoir of a Childhood in India* (New York, 2005)

Karetnick, Jen, *Mango* (Gainesville, FL, 2014)

Khanna, Vikas and Hari Nayak, *Mango Mia: Celebrating the Tropical World of Mangoes* (West Conshohocken, PA, 2005)

Palter, Robert, *The Duchess of Malfi's Apricots and other Literary Fruits* (Columbia, SC, 2002)

Singh, Lal Behari, *The Mango: Botany, Cultivation, and Utilization* (New York, 1960)

Stone, Daniel, *The Food Explorer: The Adventures of the Globe-Trotting Botanist Who Transformed What America Eats* (New York, 2018)（『食卓を変えた植物学者：世界くだものハンティングの旅』三木直子訳、築地書館、2021年）

Susser, Allen, *The Great Mango Book: A Guide with Recipes* (Berkeley, CA, 2001)

Thuma, Cynthia, *The Mongo Mango Cookbook and Everything You Ever Wanted to Know About Mangoes* (Sarasota, FL, 2001)

マンゴーを取り上げている児童書

Amin, Hidayah, *The Mango Tree* (Singapore, 2013)

Hanson, Regina, *A Season for Mangoes* (New York, 2005)

Kim, Tae-yeon, *Mango Trees* (Minneapolis, MN, 2015)

Paikai, Tommy, *Too Many Mangoes: A Story About Sharing* (Honolulu, HI, 2009)

レシピ集

マンゴーづくしのディナーメニュー

是非とも、マンゴーをテーマにした心に残るイベントを作り上げてみてほしい。以下に料理の例を挙げておく。7月22日の世界マンゴーデーを祝ってもいいし、あるいは、すべての料理になんらかの形でマンゴーが入っていたという14世紀のムガル皇帝アラー・ウッディーン・ハルジーの宴を再現してもいい。

カクテルとドリンク

マンゴーラッシー
マンゴーワイン
トロピカル・マンゴーカクテル
マンゴー茶
ウガディ・パチャディ（インド）

前菜

アームラ（マンゴーのウェディングスープ）（インド）
生マンゴーのラッサム、スープ（インド）
インド風トマトのラッサム、スープ（インド）
タヒン（チリとライムを合わせたメキシコのスパイス）で味つけしたマンゴーのグリル
グリーンマンゴーのスライスと小エビペーストのディップ（ベトナム、フィリピン）
マンゴーのヴィネグレットを使ったサラダ
焼いたブリーチーズのマンゴーチャツネ添え
マンゴーとハバネロ味の手羽先（カリブ海地域）
コーンチップとマンゴーのサルサ（メキシコ）

主菜

アムチュール・チキン（インド）
インドカレーとマンゴーチャツネ（インド）
シニガン（グリーンマンゴーの果肉入り）（フィリピン）
ハイチ風マンゴーチキン（ハイチ）
ささみのマンゴーマスタード・ディップソース添え

副菜

ベトナム風グリーンマンゴーサラダ（ベトナム）
トロピカルフルーツのサラダ、アフリカの「アフターチョップ」（レシピ参照）
ベリーズ風サラダ（マンゴーの葉入り）（ベリーズ）
マンゴーピクルス

デザート

マンゴーアイスクリーム（クルフィ）（インド）
マンゴーシャーベット
マンゴーバルフィ（ファッジ）（インド）
マンゴープリン
マンゴーフロート／グラハムケーキ（フィリピン）
カオニャオ・マムアン（マンゴーともち米のデザート）（タイ）

....

◉マンゴーカレー

現在のデリーに近いガッガル低地のファルマーナー遺跡で出土したつぼ、道具、人間の歯のエナメル質の分析から、およそ2000年前のハラッパー文明で使われていたでんぷん、野菜、くだもの、香辛料が判明している。マンゴーの繊維も発見された。その情報に基づいて、BBCのフードライターであるソイティ・バネルジーが2000年前のカレーを再現している(1)。

(4人分)
ナス(小)…6～7本、洗って縦に切れ目を入れる
ショウガ…1～3センチ、すりおろす
生のターメリック…1片 またはターメリックパウダー…小さじ½
角切りにした未熟なマンゴー…大さじ1

1. 材料をすべて混ぜ合わせて、ナスが柔らかくなるまで火にかける。
2. 好みに合わせて塩、砂糖、クミンまたはバジルで味をととのえる。

……………………………………………

◉マンゴーピクルス
『料理の極意:シンプル料理のレシピつき *The Cook's Oracle: Containing Receipts for Plain Cookery*』(ロンドン、1822年)より
以下のレシピは、ニンニクをふんだんに使えば、まさに本物のマンゴーピクルスのようになる。

(4人分)
酢…4.5リットル
カレー粉…100*g*
マスタード粉…100*g*(カレー粉とマスタード粉を280*ml*のサラダ油で混ぜ合わせてもよい)
ショウガ…3片、すりおろす
ターメリック…2片、すりおろす
エシャロット…230*g*(皮を除いた分量。ダッチオーブンで軽く焼く)
ニンニク…60*g*(ダッチオーブンで軽く焼く)
塩…110*g*
カイエンペッパー…4*g*

1. 材料すべてを石のかめに入れ、溶液で湿らせた豚の膀胱袋で覆う。
2. 暖炉脇の五徳の上に置いて、1日3回揺らして混ぜる。
3. 2の要領で3日間漬ける。

……………………………………………

◉マンゴーチャツネ
マリアン・フェアチャイルドのチャツネレシピ(1930年ごろ)をアレンジ(2)。

(でき上がり約2ℓ分)
大きめの熟れたマンゴー…10個、皮をむいてさいの目切り
未熟なマンゴー…10個、皮をむいてさいの目切り
種なしレーズン…80*g*
ライム果汁…470*ml*
酢…470*ml*
唐辛子…2本
ニンニク…2片、みじん切り
玉ねぎ(中)…1個、みじん切り
シロガラシの種…大さじ1
セロリの種…大さじ1
赤パプリカ…1個、さいの目切り
粉辛子…小さじ1
ショウガ(パウダー)…大さじ1
生ショウガ…3片、すりおろす
ホールクローブ…大さじ1
レモンの皮…50*g*、1センチの長さの細切り

塩…大さじ1½
黒砂糖…350g

1. マンゴーを含むすべての材料を大きめのボウルに入れてひと晩寝かせる。
2. 翌日、1を大きめの鍋に入れて、ふたをせずに火にかけ、とろみがつくまで、頻繁にかきまぜながら弱火で3時間ほど煮詰める。
3. 煮沸消毒した瓶につめて密封する。

………………………………………………

◉マンゴーシャーベット

「シャーベット」という言葉は、「冷やしたフルーツドリンク」を意味するペルシア語のシャルバトが起源だ。『ニマトナーマ *Ni'matnama*』（スルタンの楽しみの本）には、15世紀後半の食べ物の知識やレシピだけでなく、スルタンの宮廷で使われた香水や薬についても記載されている。ドゥーグはドリンクを作るときに使われるサワーミルクである。挿絵入りの写本が大英博物館のコレクションにある。

○シャーベット（ふたり分）
マンゴーシロップ
マンゴー果汁
カルダモン（パウダー）
クローブ
ジャコウ

1. 材料を混ぜ合わせる。

○ドゥーグ（ふたり分）
ドゥーグ
マンゴー
パームシュガーまたは塩

1. 小さく切ったマンゴーをドゥーグに入れ、パームシュガーまたは塩を加える(3)。

………………………………………………

◉アーム・パパド

アーム・パパドはマンゴーの果肉で作るインドの伝統的なフルーツレザーである。香辛料や砂糖を加えてもよい。以下のレシピはピューレの代わりにベビーフードを用い、タヒン（チリ、ライム、塩を合わせたメキシコのスパイス）で味をつけている。

（4人分）
マンゴーピューレ…150g（生、缶詰、あるいはベビーフード）
タヒン…大さじ1

1. マンゴーピューレとタヒンを混ぜ合わせる。
2. 硫酸紙かシリコンマットを敷いたオーブンの天板に1を流し入れる。
3. 80℃のオーブンで2時間焼く。
4. 適度な幅に切ってロール状に丸める。

………………………………………………

◉マンゴー・ハラペーニョ・コーンブレッド詰め

全米マンゴー委員会（www.mango.org）のレシピをアレンジしたもの

（6 人分）
無塩バター…大さじ 5
セロリ（小）…50*g*、さいの目切り
白玉ねぎ（小）…50*g*、さいの目切り
ハラペーニョ（小）…25*g*、さいの目切り
ニンニク…大さじ 2、みじん切り
マンゴー（小）…100*g*、さいの目切り
鶏だし…500*ml*、半量ずつに分けておく
バターミルク…250*ml*
卵（大）…4 個
パセリ…大さじ 2、みじん切り
コリアンダー（パウダー）…小さじ 1
塩…小さじ 1½
黒コショウ（パウダー）…小さじ 1
鶏肉用香辛料…小さじ ½
チポトレペッパー（パウダー）…小さじ ¼、お好みで
スイートコーン…400*g*、水を切っておく
コーンブレッド…1*kg*、さいの目切り

1. 玉ねぎとセロリがやわらかくなるまで、3 分ほどバターで炒める。
2. ハラペーニョを加えて 1 分炒める。
3. ニンニクとマンゴーを加えてさらに 1 分炒める。
4. 鶏だしの半量を加え、火からおろし、冷ましておく。
5. 大きめのボウルに、残りの鶏だし、バターミルク、卵、パセリ、香辛料を入れて混ぜ合わせる。
6. 5 に冷ました 4 とスイートコーンを加え、さらに、さいの目切りにしたコーンブレッドをゆっくり混ぜ入れる。
7. 油（分量外）を塗った 20 × 30*cm* のオーブン皿に流し入れる。
8. 180℃のオーブンで 45 分焼く。

◉韓国風マンゴーキムチとマンゴー焼肉

マンゴーが韓国で栽培されるようになったのはごく最近であるため、伝統的な韓国料理には元来マンゴーは入っていない。次のふたつのレシピは韓国風焼肉とキムチにマンゴーを入れてアレンジしたものである。韓国風焼肉では一般に、肉のタンパク質を分解する酵素を持つ洋梨のペーストが使われている。マンゴーにも似たような酵素があり、マンゴーペースト、もしくはこの例ではマンゴーのベビーフードが伝統的な洋梨ペーストの代わりになる。キムチのレシピはダへとギャレス・ウェストの共著である料理本『韓国料理：韓国の家庭料理と屋台料理 *K Food: Korean Home Cooking and Street Food*』（2016 年）の応用だ。家族がマンゴーを育てているチェジュ島でひと夏を過ごしたダへは、その楽しかった思い出をこのレシピに込めたとつづっている。ここでは、魚醬を知らない、あるいは好まない西洋人の舌に合わせてアレンジした。魚醬の代用品として、醬油、ライム果汁、米酢の組み合わせを用いている。

〇マンゴーキムチ（6 人分）
マンゴー…1 個、皮と種を取って細かく切る
玉ねぎ…¼ 個、すりおろす
唐辛子…¼ 本（できれば長くて赤いタイの唐辛子）
醬油…大さじ 1

ライム果汁…小さじ1
米酢…小さじ1
コチュジャン…大さじ1、お好みで
生ショウガ…大さじ1、すりおろす
ニンニク…1片、みじん切り

1. 材料全部を混ぜ合わせて、清潔なガラス瓶に入れる。
2. 常温で3日間醱酵させる。
3. 食べるときまで冷蔵庫で保存する。

〇韓国風マンゴー焼肉（6人分）
玉ねぎ…大さじ2、みじん切り
醤油…50*ml*
ブラウンシュガー…50*g*
ゴマ油…小さじ2
粗挽き唐辛子…小さじ½
ショウガ（パウダー）…小さじ¼
ニンニク…3片
ゴマ…小さじ¼
マンゴーピューレ…50*g*
豚肩ロース肉…450*g*、5*cm*の角切り
レタス（盛りつけ用）

1. レタス以外の材料全部を圧力鍋に入れ、45分間加熱して、冷ます。
2. 豚肉を引き裂いて煮汁に戻す。
3. 2をレタスにのせ、マンゴーキムチを添えて出す。

……………………………………………

◉マンゴーフロート

フィリピンで食べるこのお祝い用のスイーツは、グラハムクラッカーを使うことから、グラハムケーキと呼ばれることが多い。レシピはフード・ネットワーク・キッチン、www.foodnetwork.com（2022年3月14日アクセス）の「マンゴーフロート」をアレンジしたもの。

（6人分）
生クリーム…500*ml*
練乳…1缶（400*g*）
バニラ…小さじ½
グラハムクラッカーまたはダイジェスティブビスケットを粉々に砕いたもの…250*g*
熟したマンゴー…3個、さいの目切り

1. 生クリーム、練乳、バニラを、かさが2倍になるまで泡立てる。
2. 20*cm*角の器に1の⅓を入れる。その上にグラハムクラッカーの⅓を重ねて、さらにマンゴーの⅓をのせる。同じことを3回繰り返す。
3. ひと晩冷やす。

……………………………………………

◉ハイチ風マンゴーチキン

このハイチ料理には、できれば、人気のフランシーク種のマンゴーを使いたい。レシピはwww.food.comのアレンジ。

（4人分）
鶏むね肉（骨なし）…4枚
ピーマン…25*g*、みじん切り
バター…大さじ2
シェリー酒…50*ml*
オレンジ果汁…100*ml*

水…200ml
チキンブイヨン…1個
マンゴーピューレ…250g
砂糖漬けのショウガ…大さじ1、さいの目切り
マンゴー…150g、角切り

1. 鶏むね肉をたたいて5mmの厚さにする。
2. 1をバター、ピーマンと一緒にスキレットでソテーにする。
3. 鶏肉を取り出し、スキレットにシェリーを注いで焦げついた焼き汁を溶かす（ディグレーズする）。
4. 3にオレンジ果汁、水、ブイヨン、マンゴーピューレ、ショウガを加え、弱火で10分煮る。
5. 4に鶏肉を戻し、角切りにしたマンゴーを入れて、火を通す。
6. ごはん（分量外）と一緒に盛りつける。

……………………………………………

◉西アフリカのマンゴー・アフターチョップ

西アフリカでよく知られるデザート「アフターチョップ」は、少量のココナッツと、ピーナッツかハチミツまたはその両方を入れた生のフルーツサラダだ。季節のくだものなら何でも入れられるため、ここではマンゴーを使う。レシピは https://oldwayspt.org のアレンジ。

（ふたり分）
桃…1個、皮をむいて小さく切る
マンゴー…1個、皮をむいて小さく切る
ココナッツミルク…大さじ1
ハチミツまたはメープルシロップ…小さじ½
砕いたピーナッツ…大さじ1

1. 皮をむいて小さく切ったフルーツをボウルに入れる。
2. ココナッツミルクとハチミツ（またはメープルシロップ）を振りかける。
3. ピーナッツを加え、ハチミツがほかの材料にまんべんなくかかるように混ぜる。
4. すぐに食べても冷やしてもよい。

……………………………………………

◉マンゴーバルフィ

ニッシュ・キッチン（https://nishkitchen.com）のアレンジ。

（8人分）
マンゴーピューレ…400g
ミルクパウダー…125g
練乳…1缶（400g）
ギー（インドのバターオイル）…大さじ1
カルダモン（パウダー）…小さじ½
飾りつけ用に、細かく砕いたピスタチオかドライローズペタル（食用の乾燥させたバラの花びら）、またはその両方

1. ミルクパウダーと練乳を弱火で5分ほど煮る。
2. さらにマンゴーピューレ、ギー、カルダモンを加えてかきまぜながら、と

ろみがつくまで 10 分ほど煮る。
3. 油を塗り、硫酸紙を敷いた皿に注ぎ入れる。
4. 砕いたピスタチオやドライローズペタルをのせて飾る。
5. ひと晩冷蔵庫で冷やし固め、好みの大きさに切る。

出典

序章

1 Fresh Mangoes, www.freshmangoes.us, 7 September 2023 にアクセス。

2 Ahmed Ali Akbar, 'Inside the Secretive, Semi-Illicit, High Stakes World of WhatsApp Mango Importing', www.eater.com, 12 August 2021.

3 Ameer Kotecha, 'The Favourite Dishes of Royals', *The Spectator*, www.spectator.co.uk, 5 July 2021.

第１章　すばらしきマンゴー

1 Indu Mehta, 'History of Mango – King of Fruits', *International Journal of Engineering Science Invention*, VI/7 (July 2017), pp. 20–24.

2 J. Bates, 'Oilseeds, Spices, Fruits and Flavour in the Indus Civilisation', *Journal of Archeological Science*, XXIV (2019), pp. 879–87.

3 Noris Ledesma et. al, 'Preliminary Field Adaptation and Fruit Characterization of *Mangifera* species in Florida', ISHS Acta Horticulture: XII International Symposium, www.actahort.org, 24 November 2023 にアクセス。

4 Ian S. E. Bally, '*Mangifera indica* (Mango)', Species Profiles for Pacific Island Agroforestry, www.traditionaltree.org, April 2006.

5 Sabrina Stierwalt, 'What Do Cashews, Mangoes and Poison Ivy Have in Common', *Scientific American*, www.scientificamerican.com, 26 January 2020.

6 'Commodity Briefs: Mango, Mangosteen and Guava', Food and Agriculture Organization of the United Nations, www.fao.org, 24 November 2023 にアクセス。

7 Mujib Mashal and Hari Kumar, '"Mango Man" Is the Fruit's Foremost Poet, Philosopher, Fan and Scientist', *New York Times*, www.nytimes.com, 1 July 2022.

8 Gilda Cordero-Fernando, *The Culinary Culture of the Philippines* (Manila, 1976) and Doreen G. Fernandez, *Tikim: Essays on Philippine Food and Culture* (Mandaluyong City, 1994) を参照されたい。

9 David Shulman, 'The Scent of Memory in Hindu South India', *Anthropology and Aesthetics*, 13 (Spring 1987), p. 124.

10 Compound Interest, 'The Chemistry of Mangoes', *SciTech Connect*, https://scitechconnect.elsevier.com, 7 August 2017.

11 T.M.M. Malundo et al., 'Sugars and Acids Influence Flavor Properties of Mango

(*Mango indica*)', *Journal of the American Society of Horticultural Science*, CXXVI/1 (2001), pp. 115–20.
12 Urvi Kumbhat, 'On the Complexity of Using the Mango as a Symbol in Diasporic Literature', *LitHub*, https://lithub.com, 8 February 2021.
13 Alberto J. Nunez-Selles et al., 'The Paradox of Natural Products as Pharmaceuticals: Experimental Evidence of a Mango Stem Bark Extract', *Pharmacological Research*, LV/55 (2007), pp. 351–8.
14 T. Arumugam et al., 'Fruits and Vegetables as Superfood: Scope and Demand', *Pharma Innovation Journal*, X/3 (2021), p. 124.
15 Mohammad Saleem et al., 'Antidiabetic Potential of *Mangifera indica* L. c.v. Anwar Ratol Leaves: Medicinal Application of Food Wastes', *Medicina*, LV/7 (2019), p. 353.
16 Megan Ware, 'What to Know about Mangoes', *Medical News Today*, www.medicalnewstoday.com, 6 February 2022.

第２章　マンゴーの旅

1 Luke Keogh, 'The Wardian Case: How a Simple Box Moved the Plant Kingdom', *Arnoldia*, https://arboretum.harvard.edu, 17 May 2017.
2 'Goa Owes Its Best Mangoes to the Jesuits', *Incredible Goa*, www.incrediblegoa.org, 28 May 2019; Newton Sequeira, 'The Aam Aadmi SJ', *Times of India*, https://timesofindia.indiatimes.com, 26 April 2015.
3 James Green, 'The Path They Trod: An Avenue of Mango Trees on the Loango Coast', The Metropolitan Museum of Art, www.metmuseum.org, 11 December 2015.
4 同上
5 Deanne Gayman, 'Wisnicki Lights Up the Legend of Livingstone', *Nebraska Today*, https://news.unl.edu, 23 March 2014.
6 Betty Kibaara and Olivia Karanja, 'What Mangoes in Kenya Can Teach Us About Food Loss', www.rockefellerfoundation.org, 1 May 2018.
7 Jill Collett and Patrick Bowe, *Gardens of the Caribbean* (London, 1998), p. 16.
8 Danielle N. Boaz, 'Obeah, Vagrancy, and the Boundaries of Religious Freedom: Analyzing the Proscription of "Pretending to Possess Supernatural Powers" in the Anglophone Caribbean', *Journal of Law and Religion*, XXXII/3 (November 2017), pp. 423–48.
9 Lindsay Haines, 'Obeah Is a Fact of Life, and Afterlife, in the Caribbean', *New York*

Times, www.nytimes.com, 10 September 1972.

10 Patrick McSherry, 'Feeding the Cuban Insurgents', www.spanamwar.com, 13 November 2022 にアクセス。

11 Talek Nantes, 'The 20 Funniest Cuban Expressions and How to Use Them', https://matadornetwork.com, 8 July 2018.

12 Witold Szabłowski, *How to Feed a Dictator* (Warsaw, 2019), p. 175.（『独裁者の料理人：厨房から覗いた政権の舞台裏と食卓』芝田文乃訳、白水社、2023 年）

13 Anse Chastanet, 'Mango Rules the Caribbean!', https://ansechastanet.com, 29 May 2017.

14 J. Hunelle, '65+ Jamaican Mango Names You Probably Never Knew', https://simplylocal.life, 6 June 2019.

15 Collett and Bowe, *Gardens*, p. 30.

16 Vikram Doctor, 'The Travels of the Mango', http://economictimes.indiatimes.com, 3 May 2015.

17 'Nevis All Set to Welcome Mango Festival with Full Enthusiasm in July', Associates Times, https://associatestimes.com, 30 June 2022.

18 'Enclosure:Invoice to Robert Cary & Company, 20 September 1759', Founders Online, www.founders.archives.gov, 7 September 2023 にアクセス。

19 Stephen McLeod, *Dining with the Washingtons* (Chapel Hill, NC, 2011), pp. 79–80.

20 'Pickle History Timeline', New York Food Museum, www.nyfoodmuseum.org, 7 September 2023 にアクセス。

21 Akshay Chavan, 'Everyday India, through Ibn Battuta's Eyes', Live History India, www.peepultree.world, 10 April 2023.

22 'History of Early American Landscape Design: The Woodlands', *National Gallery of Art*, https://heald.nga.gov, 22 November 2022 にアクセス。

23 Amanda Harris, *Fruits of Eden: David Fairchild and America's Plant Hunters* (Gainesville, FL, 2015), p. 67.

24 同上 , pp. 66–7.

25 Truly Tropical, 'Gary Zill's Mango Variety Development Project', www.youtube.com, 13 November 2022 にアクセス。

26 Bhaskar Savani, 'The Indian Mango Comes to America', www.chapman.edu, 13 November 2022 にアクセス , ならびに著者の Bhaskar Savani との対話。

第３章　ムガル帝国とマンゴー

1 *ADF Foods*, https://adf-foods.com を参照されたい , 15 November 2022 にアクセス。

2 Ashoka, www.ashoka.org を参照されたい , 5 November 2022 にアクセス。

3 Kusum Budhwar, *Romance of the Mango: The Complete Book of the King of Fruits* (New Delhi, 2002), p. 11.

4 Gaurav Chugani, 'Harsha', World History, www.worldhistory.org, 14 March 2016.

5 Maghulika Dash, 'A Complete History of the Mango: From the Times of Mauryas to Mughals', Swarajya, https://swarajyamag.com, 9 June 2016.

6 Ashutosh Potnis, 'Of Mangoes and the Mughals', https://ashutoshpotnis.wixsite.com, 21 May 2020.

7 同上

8 Budhwar, %, p. 14.

9 William Dalrymple, *The Last Mughal: The Fall of a Dynasty: Delhi*, 1857 [2006] (New York, 2008), p. 103.

10 Potnis, 'Of Mangoes' で引用されている。

11 同上

12 同上

13 Budhwar, *Romance*, p. 15.

14 同上 , p. 16.

15 Diya Kohli, 'Two of India's Most Expensive Mangoes that You've Probably Not Heard Of', *Conde Nast Traveller*, www.cntraveller.in, 7 June 2021.

16 Mujib Mashal and Hari Kumar, '"Mango Man" Is the Fruit's Foremost Poet, Philosopher, Fan and Scientist', *New York Times*, www.nytimes.com, 1 July 2022.

17 Serish Nanisetti, 'Mango, the King of Summers', *The Hindu*, www.thehindu.com, 12 May 2018.

18 Budhwar, *Romance*, p. 16.

19 Salma Yusuf Husain, 'No One Could See Shah Jahan Eat. But a Portuguese Priest once Snuck in and Here's What He Saw', *The Print*, https://theprint.in, 2 June 2019.

20 Dash, 'A Complete History'.

21 Husain, 'No One Could See Shah Jahan Eat'.

22 Niccolao Manucci, 'Storia do Mogor; or, Mogul India 1653–1708, Chapter xviii', Internet Archive, https://archive.org で入手 , 15 November 2022 にアクセス。

23 Dalrymple, *The Last Mughal*, p. 3.

24 Sandra Wagner-Wright, 'Taj Mahal Gardens and Lord Curzon', www.sandrawagner-wright.com, 12 October 2015.

25 Vandana Menon, 'Even a Pandemic Can't Stop the Indian Mango', www.thejuggernaut.com, 15 May 2020.

26 Naveed Siddiqui, 'FO Denies "Misleading" Reports of Pakistani Mangoes Gifted to Foreign Dignitaries', *Dawn*, www.dawn.com, 13 June 2021.

第４章　英国とヨーロッパとマンゴー

1 Avinash Lohana, 'Ali Fazel Sends Fresh Alphonso Mangoes to His Victoria & Abdul Co-Star Judi Dench', *Mumbai Mirror*, https://mumbaimirror.indiatimes.com, 22 May 2018.

2 Prashant Powle, 'Why Mango Is Called Bathroom Fruit', https://alphonsomango.in, 19 February 2022.

3 Babushahi Bureau, 'Amb-Choop Mango Mela: Novel and Unique Way to Remember Dr MS Randhawa', www.babushahi.com, 7 July 2019 を参照されたい。

4 M. S. Randhawa, *Flowering Trees in India* (New Delhi, 1957), p. 44.

5 Marianne North, 'Foliage, Flowers and Young Fruit of the Mango', Royal Botanic Gardens, Kew, https://images.kew.org, 3 November 2022 にアクセス。

6 Anne Brassey, *A Voyage in the 'Sunbeam': Our Home on the Ocean for Eleven Months* [1878] (New York, 2014), p. 38.

7 同上 , p. 238.

8 Maria Graham Callcott, *Journal of a Residence in India* [1812], ebook, https://fiftywordsforsnow.com, 22 November 2022 にアクセス。

9 Isabella L. Bird, *The Hawaiian Archipelago* [1875], ebook, www.gutenberg.org, 7 September 2023 にアクセス .（『イザベラ・バードのハワイ紀行』近藤純夫訳、平凡社、2018 年）

10 Hugo McCafferty, 'Sicily Adapts to Climate Change with Tropical Fruits', Fine Dining Lovers, www.finedininglovers.com, 16 April 2009.

11 Galway Spirits, www.galwayspirits.com, 22 November 2022 にアクセス .

12 Kiersten Hickman, 'The One Food the Royal Family Can't Eat While Traveling', Taste of Home, www.tasteofhome.com, 20 March 2019.

13 Diane Stoneback, 'Fixing Meals Fit for a Princess', *Baltimore Sun*, www.baltimoresun.com, 22 August 2007.

14 Ruth Styles, 'Tins of Tuna, Woolly Hats and a Model of a Surface to Air Missile: The

Lavish (and Often Bizarre) Gifts Given to the Queen and other Royals in 2014 Revealed', *Daily Mail*, www.dailymail.co.uk, 14 January 2015.
15 Sybil Kapoor, 'Handle with Care: Why Mangoes are Like a Woman's Breast', *The Guardian*, www.theguardian.com, 3 June 2000.

第5章　毛沢東とマンゴーと東方

1 'China's Curious Cult of the Mango', BBC News, www.bbc.co.uk, 11 February 2016.
2 同上
3 同上
4 Alfreda Murck, ed., *Mao's Golden Mangoes and the Cultural Revolution*, exh. cat., Museum Rietberg (Zurich, 2013), p. 74.
5 'Mango Market Continues to Rise in China', Fresh Plaza, www.freshplaza.com, 1 June 2022.
6 Dan Siekman, 'Guangxi Mangos Hit Peak Production; Prices Are Strong', Produce Report, www.producereport.com, 29 July 2019.
7 Q. B. Chen, 'Perspectives on the Mango Industry in Mainland China', *ISHS Acta Horticulturae 992: IX International Mango Symposium*, www.actahort.org, 12 November 2022 にアクセス。
8 'Visit First Mango Festival in China', CGTN Live, www.youtube.com, 12 November 2022 にアクセス。
9 Gao Yun, 'China Breeds the World's First "Space Mangoes"', CGTN, http://news.cgtn.com, 21 March 2017.
10 Julia Janicki et al., 'Taiwan's Mangoes', Taiwan Data Stories, www.taiwandatastories.com, 12 November 2022 にアクセス。
11 'How Much Do You Know about the Mangos in Taiwan?', Taiwan Food Tour, www.justaiwantour.com, 12 November 2022 にアクセス。
12 同上
13 同上
14 Lee Ji-yoon, 'Warming Jeju Seeks New Opportunities', *Korea Herald*, www.koreaherald.com, 18 July 2010.
15 'Gyeongnam Apple Mango Harvest in Full Swing', *Haps Magazine Korea*, www.hapskorea.com, 10 May 2022.
16 Srishti Dutta, 'World's Most Expensive Mango', *India Times*, www.indiatimes.com, 25 August 2023.

17 'Two Premium Mangoes Sell for Record Amount in Southwest Japan Auction', Fresh Plaza, www.freshplaza.com, 15 April 2022.

第６章　砂糖のような甘さから強烈な酸味まで

1 Doreen Gamboa Fernandez, 'Mangoes and Maytime' in *Tikim: Essays on Philippine Food and Culture* (Mandaluyong City, 1994), p. 52.
2 'Mangoes in the Philippines', Crop Life, https://croplife.org, 12 November 2022 にアクセス。
3 'Philippine Mango Industry Roadmap 2017–2022', Philippine Department of Agriculture, www.da.gov.ph, 12 November 2022 にアクセス , p. 2.
4 Amy Besa and Romy Dorotan, *Memories of Philippine Kitchens* (New York, 2006), p. 29.
5 'Philippine Mango Industry Roadmap', p. 1.
6 Karen Gwee, 'MILLI Officially Releases Coachella-Viral Song "Mango Sticky Rice"', *NME*, www.nme.com, 20 May 2022.
7 'Mango Art Festival, 2022 Bangkok', www.mangoartfestival. com, 12 November 2022 にアクセス。
8 Jen Hoang, 'Sauce for Sour Mangoes', Jenuine Cuisine, www.jenuinecuisine.com, 8 September 2023 にアクセス。
9 'Growing Cambodian Mango', www.gocambodia.com, 7 September 2023 にアクセス。
10 'Cambodia Launches First Direct Shipment of Fresh Mangoes to China', www.china.org.cn, 7 May 2021.
11 'Malacca Delite, the Sweet Mango of Southern State', *Sun Daily*, www.thesundaily.my, 6 July 2019.
12 Jane Ryan, 'A Short History of Growing Mangoes in Australia', Difford's Guide, www.diffordsguide.com, 12 November 2022 にアクセス。
13 '"Wild Mango", One of the Earliest-Known Plant Foods Eaten in Australia, Next Big Thing', *Australian Geographic*, www.australiangeographic.com.au, 2 June 2022.
14 Ryan, 'A Short History'.
15 同上
16 同上
17 Daniel Fitzgerald, 'Picking Mangoes at Night Works for Northern Territory Mango Farm, Despite Bats and Bugs', ABC News, www.abc.net.au, 14 December 2015.
18 Richard A. Hamilton et al., *Mango Cultivars in Hawaii, College of Tropical Agriculture and Human Resources* (Honolulu, HI, 1992), p. 1.

19 Brooke Wong, 'The History of Crack Seed in Hawaii', Snack Hawaii, www.snackhawaii.com, 30 June 2016.
20 'Mr Mango Crack', Pevgrow, https://pevgrow.com, 12 November 2022 にアクセス。

第７章　マンゴーと比喩と意味

1 Cynthia Thuma, *The Mongo Mango Cookbook and Everything You Ever Wanted to Know About Mangoes* (Sarasota, FL, 2001).
2 Kusum Budhwar, *Romance of the Mango: The Complete Book of the King of Fruits* (New Delhi, 2002), p. 63.
3 Lyndsey Steven, 'Mango Girls: Trees Saving Lives of Girls in India', *Emirates Woman*, https://emirateswoman.com, 26 September 2014.
4 同上
5 Thuma, *Mongo Mango Cookbook*, p. 18.
6 'Tying Mango Leaves', www.indianmirror.com, 13 November 2022 にアクセス。
7 Lipi Upadhyay, '#Diwali2017: Why Does Everyone Decorate Their Homes with Marigold Flowers and Mango Leaves?', *India Today*, www.indiatoday.in, 18 October 2017.
8 'Ugadi 2021: Know All About Ugadi Pachadi, the Special Delicacy of the Day', www.news18.com, 13 April 2021.
9 'The Art of South and Southeast Asia', The Metropolitan Museum of Art, www.metmuseum.org, 13 November 2022 にアクセス。
10 Allan Hunt Badiner, 'Vaisali: First Stop to Enlightenment', *Tricycle: The Buddhist Review* (Fall 2004), https://tricycle.org で入手 , 23 November 2023 にアクセス。
11 Ven. Mingun Sayadaw, 'The Great Chronicle of Buddhas: Part 3 Buddha's Performance of Miracles (Pātihāriya)', www.wisdomlib.org で入手 , 13 November 2022 にアクセス。
12 'Mahakapi Jataka: The Great Monkey King', Encyclopedia of Buddhism, encyclopediaofbuddism.org, 7 September 2023 にアクセス。
13 'Abbhantara Jataka (#281)', www.thejatakatales.com で入手 , 6 November 2023 にアクセス。
14 'Ambika', V&A Museum, https://collections.vam.ac.uk, 27 November 2022 にアクセス。
15 'Kamadeva and His Mount Parrot', at www.exoticindiaart.com を参照されたい , 13 November 2022 にアクセス。

16 'The Ashoka', https://venetiaansell.wordpress.com, 17 April 2010.
17 Yogendra Yadav, 'Mango in Perspective of Mahatma Gandhi', https://gandhiking.ning.com, 15 July 2012.
18 同上 .
19 Stephanie Vermillion, 'Inside Mahatma Gandhi's Search for the Perfect Diet', www.mkgandhi.org, 13 November 2022 にアクセス .
20 'The Ashoka'.
21 Radhika Oberoi, 'Exploring Mangoes as Metaphor in South Asian Writing', *The Wire*, www.thewire.in, 4 July 2017.
22 Amulya Malladi, *The Mango Season* (New York, 2003), p. 170.
23 Marivi Soliven, *The Mango Bride* (New York, 2013), p. 259.
24 Mary Kate McGrath, 'Ariana Grande's Mango Tweet Is the Fruit before Boyfriends Message You Didn't Know You Needed', *Bustle*, www.bustle.com, 17 March 2019.
25 'Tagore: When I Called You in Your Garden Mango Blooms Were Rich in Fragrance', Byron's Muse, https://byronsmuse. wordpress.com, 21 February 2022.
26 Tarfia Faizullah, 'Self-Portrait as Mango', https://poems.com, 7 June 2021.
27 'Kakubha Ragini', Smithsonian National Museum of Asian Art, www.ragamalaexhibit.com, 7 September 2023 にアクセス。
28 Diana Coupland, 'Under the Mango Tree' (from *Dr. No*), Song Lyrics, www.songlyrics.com, 13 November 2022 にアクセス。
29 Sheila O'Malley, 'Gauguin: Voyage to Tahiti', Roger Ebert, www.rogerebert.com, 11 July 2018.
30 David Edelstein, 'The Biopic *Gauguin* Is Surprisingly Dull, Considering Its Subject', *Vulture*, www.vulture.com, 11 July 2018.
31 'The Hunt for the Origins of Indian Yellow Pigment', www.underthemoonlight.ca, 20 April 2021.
32 Jasvinder Kaur, 'How the Bita or Ambi became Scottish Paisley', www.lifestyle.livemint.com, 21 February 2022.
33 'Mango', www.emojipedia.org を参照されたい , 7 September 2023 にアクセス。

第８章　マンゴーの奇跡

1 'How Mangos Move Menu Items', *Restaurant Business*, www.restaurantbusinessonline.com, 28 March 2019.
2 同上

3 'Ataulfo Mangoes', www.specialtyproduce.com を参照されたい , 7 September 2023 にアクセス。
4 'Mango By Products – Converting Mango Wastes into Valuable Products', ABC Fruits, www.abcfruits.net, 24 May 2022 にアクセス。
5 'Mango Farming in Southern California', www.theproducenerd.com, 27 August 2021 を参照されたい。
6 'TechnoServe's Haiti Hope Project: Message in a Mango', www.3blmedia.com, 7 June 2016.
7 UN Women, 'Mango Farmers in Kenya Get Access to New Technology to Counter Post-Harvest Losses', United Nations, www.un.org, 11 November 2022 にアクセス .
8 'About Us', Angkor Harvest, https://angkorharvest.com, 11 November 2022 にアクセス .
9 Shyam Singh et al., 'Ultra-High Density Plantation of Mango-New Technology for Increasing the Income of the Farmers', *Indian Farmer*, IV/5 (May 2017), pp. 368–75. 'Ultra High Density Plantation (UHDP) Mango', *AgroGuide*, www.agroguide.nl.
10 Zainuri, Taslim Sjah, Nurrachman and Candra Ayu, 'Mango Off-Season Technology (MOST): Innovative, Applicable, Adaptive to Climate Change, and Brings Many Positive Impacts', *AIP Conference Proceedings*, MMCXCIX/1 (23 December 2019), https://pubs.aip.org で入手。

レシピ集

1 Soity Banerjee, 'Cooking the World's Oldest Known Curry', BBC News, www.bbc.co.uk/news, 22 June 2016.
2 'Mango Season Makes Way for Magnificent Chutney', Fairfield Tropical Botanic Garden Virtual Herbarium, www.virtualherbarium.org, 7 September 2023 にアクセス。
3 Norah Tiley, trans., *The Ni'matnama Manuscript of the Sultans of Mandu, The Sultan's Book of Delights* (London, 2005), p. 28.

コンスタンス・L・カーカー（Constance L. Kirker）
ペンシルヴェニア州立大学元教授（美術史）。カリナリー・インスティテュート・オブ・アメリカ・シンガポール分校でも教鞭をとる。ガーデニング、フラワーデザイン、食文化に造詣が深い。国際旅行会社の共同オーナー。著書にニューマンとの共著『食用花の歴史』『桜の文化誌』『ココナッツの歴史』（原書房）がある。

メアリー・ニューマン（Mary Newman）
オハイオ大学元教授（環境衛生）。毒物学博士。公共経営学博士。ユリのガーデニングで受賞歴があるほか、ウェディングケーキのデザイン、パンや菓子作りも手がける。アメリカに本部を置く国際料理専門家協会（IACP）会員。科学誌に多数寄稿。著書にカーカーとの共著『食用花の歴史』『桜の文化誌』『ココナッツの歴史』（原書房）がある。

大槻敦子（おおつき・あつこ）
慶應義塾大学卒。訳書にプレストウィッチ『中世の騎士の日常生活』、スティーヴンソン『中世ヨーロッパ「勇者」の日常生活』、ウッド『捏造と欺瞞の世界史』、カーカー&ニューマン『ココナッツの歴史』、クィンジオ『鉄道の食事の歴史物語』、ジョーンズ『歴史を変えた自然災害』、スウィーテク『骨が語る人類史』、ハンソン & シムラー『人が自分をだます理由』（原書房）などがある。

「食《しよく》」の図書館《としよかん》

マンゴーの歴史《れきし》

●

2024 年 *11* 月 *30* 日　第 *1* 刷

著者……………コンスタンス・L・カーカー、メアリー・ニューマン
訳者……………大槻敦子《おおつきあつこ》
装幀……………佐々木正見《ささきまさみ》
発行者……………成瀬雅人
発行所……………株式会社原書房

〒 160-0022 東京都新宿区新宿 1-25-13
電話・代表 03(3354)0685
振替・00150-6-151594
http://www.harashobo.co.jp

印刷……………新灯印刷株式会社
製本……………東京美術紙工協業組合

ISBN 978-4-562-07478-5, Printed in Japan